Liebesbriefe berühmter Frauen

Vanessa Melchior

PIPER

Zu diesem Buch

Wer hätte gedacht, dass der Film »Sex and the City« die Lust an klassischen Liebesbriefen neu erwecken würde? Carrie liest ihrem Mr. Big aus dem Buch »Liebesbriefe großer Männer, Band 1« vor, und das Buch erlebte eine Renaissance. Doch auch die Frauen der Geschichte waren große Briefeschreiberinnen, die liebten, begehrten, sich verzehrten und oft auch Erfüllung fanden. Dieser Band versammelt die 50 schönsten Liebesbriefe großer Frauen. Es sind Stars von Bühne und Leinwand, Politikerinnen und Salonièren, Malerinnen und Künstlerinnen, Wissenschaftlerinnen und berühmte Dichterinnen. Die vorgestellten Briefe und Geschichten geben Einblick in die großen Lieben von Frauen wie Camille Claudel und Frida Kahlo, Edith Piaf und Marilyn Monroe, Virginia Woolf, Dorothy Sayers und Ingeborg Bachmann.

Petra Müller, geboren 1966 in Mecklenburg, lebt und arbeitet als freiberufliche Lektorin und Herausgeberin in Berlin. Weiteres siehe unter: www.klaretto.de
Rainer Wieland, geboren 1968 im fränkischen Weißenburg, arbeitet als Lektor, Herausgeber und Autor in Berlin. Weiteres siehe unter: www.rainer-wieland.com
Gemeinsam veröffentlichten sie »Die Jahre sind mein Lebensglück. Schriftsteller über das Alter«, »Frauen schön und stark – Frauen von heute über die Schönen der Kunst«, »Liebesbriefe großer Männer. Band 1« und »Liebesbriefe berühmter Frauen«.

Liebesbriefe berühmter Frauen

Herausgegeben von
Petra Müller und Rainer Wieland

Mit 11 Abbildungen

Piper München Zürich

Mehr über unsere Autoren und Bücher:
www.piper.de

Von Petra Müller und Rainer Wieland herausgegeben, liegen bei Piper vor:
Liebesbriefe großer Männer
Liebesbriefe berühmter Frauen

Originalausgabe
Mai 2010

Umschlagkonzept: semper smile, München
Umschlaggestaltung: Cornelia Niere, München
Umschlagfoto: Ullstein Bild / TopFoto
Satz: Filmsatz Schröter, München
Papier: Munken Print von Arctic Paper Munkedals AB, Schweden
Druck und Bindung: CPI – Clausen & Bosse, Leck
Printed in Germany ISBN 978-3-492-25796-1

Inhalt

Vorwort

»Ich war in den letzten zwei Jahren Beobachterin eines Dutzends Affairen des Herzens – heftig und wesentlich«, schreibt Virginia Woolf, »und komme zu dem Schluß, daß die Liebe eine Krankheit ist; ein Wahn; eine Seuche!« So gesehen ist dieses Buch eine Sammlung von Krankenakten. Von prominenten Krankenakten, handelt es sich doch bei den Leidenden um machtvolle Herrscherinnen, glanzvolle Diven, weltberühmte Schriftstellerinnen oder Künstlerinnen. Doch wie alle übrigen Sterblichen sind auch sie nicht vor der »Krankheit Liebe« gefeit. Symptome und Krankheitsverlauf sind universell: Von »fiebrigen Liebes-Anwandlungen« lesen wir bei Sarah Bernhardt, vom »rasenden, glühenden Blut« spricht Anaïs Nin. »Ich habe hundertundzwanzig Pulsschläge in der Minute, das ist kein Zustand mehr«, schreibt Adele Sandrock an Arthur Schnitzler. Und Édith Piaf gesteht ihrem Geliebten, dem Boxer Marcel Cerdan: »Wie habe ich gelitten, als das Flugzeug alles davontrug: mein Herz, meinen Verstand, meinen Atem – ich hätte schreien können vor Schmerz.«

Ja, die Liebe kann schmerzvoll sein. Sie kann, wie Erich Fried in seinem berühmten Gedicht schreibt, »nichts als Schmerz« sein, Unglück, Unsinn und Torheit. Und gleichzeitig ist dieser Sturm der Gefühle und Leidenschaften der Quell eines unvergleichlichen Glücks. »Bist Du schon jemals im sehr aufgewühlten Meer geschwommen?«, fragt Katherine Mansfield ihre Jugendliebe Garnet Trowell. »Ich schon – Du wirfst Dich in die Brecher – die Wellen schlagen dicht über Dir zusammen – doch Du schüttelst das Wasser aus Augen und Haaren – und dann kommt das Gefühl unglaublicher Kraft. Etwas Gigantisches hat Dich in seiner Gewalt – berauscht lachst Du – halb wild vor Lachen und Erregung. So fühle ich mich, wenn ich auf das Meer leidenschaftlichen Glücks geworfen werde. Ich liebe Dich – Ich *liebe* Dich.«

Poetisch und eindringlich erzählen die hier versammelten Briefe vom Liebesglück und Liebesleid berühmter Frauen. Es sind Politikerinnen wie Rosa Luxemburg, eine Herzogin und eine Zarin; Malerinnen und bildende Künstlerinnen wie Camille Claudel, Paula Modersohn-Becker oder Frida Kahlo; Stars von Bühne und Leinwand wie Eleonara Duse, Ingrid Bergman, Marilyn Monroe oder Hildegard Knef; Tänzerinnen und Musikerinnen wie Isadora Duncan, Clara Schumann und Édith Piaf; große Wissenschaftlerinnen wie Marie Curie; intellektuelle Freigeister und Salonièren wie Mary Wollstonecraft, Rahel Levin, Julie de Lespinasse und Simone de Beauvoir; Journalistinnen und Kriegsreporterinnen wie Martha Gellhorn, Rebecca West oder Janet Flanner; und nicht zuletzt berühmte Schriftstellerinnen wie Annette von Droste-Hülshoff, Virginia Woolf, Dorothy Sayers, Katherine Mansfield oder Ingeborg Bachmann.

Der Bogen der Briefschreiberinnen umspannt mehrere Jahrhunderte, wenn auch die Frauen des 19. und 20. Jahrhunderts in der Überzahl sind. Eher spärlich sind die Liebeszeugnisse aus den vorangegangenen Epochen. Die Gründe dafür liegen auf der Hand. Bis ins 20. Jahrhundert hinein waren Frauen in gesellschaftlichen Zwängen gefangen und eingeschnürt. Ihr Lebensweg war vorherbestimmt, Ehen wurden arrangiert, für romantische und selbstbestimmte Liebesbeziehungen, wie sie Männer ganz selbstverständlich für sich in Anspruch nahmen, war da in der Regel kein Platz. Die Rolle der Frau war auf Haushalt und Kinder, in besseren Kreisen auf die unterhaltsame Gesellschaft ihrer Ehemänner beschränkt. Bildung, Wissenschaft und Gesellschaft waren Sache der Männer. Nur in einigen wenigen »Biotopen« konnten Frauen ihre intellektuelle Unabhängigkeit entwickeln: in der weitverzweigten Salonkultur im Paris des 18. Jahrhunderts, im Berlin der Aufklärung, im Umfeld der kulturellen Zirkel in Weimar und Jena und – über die Jahrhunderte hinweg – im Theater- und Sängermilieu und in Literatenkreisen. Frauen, die sich in die Gesellschaft einmischten und eigene Texte zu Papier brachten, hatten mit großen Widerständen zu kämpfen. Als »Hyäne im Unterrock«, als »gottlose Amazone der Revolution« wurde Mary Wollstonecraft beschimpft, als sie mitten im revolutionären Paris 1792 ihre Streitschrift zur *Verteidigung der Rechte der Frau* veröffentlichte. George Sand, die sich im frühen 19. Jahrhundert die Freiheit nahm, sich gegen die Institution Ehe zu stellen, sich Affären zu leisten und sogar über Erotik und Liebe zu schreiben, wurde mit Spott und Häme überschüttet. Die Freiheit des Wortes mussten Frauen in gleichem Maße für sich erkämpfen wie ihre emanzipierte Rolle in der Gesellschaft.

Es scheint ein langer Weg von Christiane Vulpius' im Jahr 1798 an Goethe gerichteten Zeilen »Ich danke dir vor das Rehebrätchen« bis zur unverblümten Direktheit einer Anaïs Nin, die 1932 ihrem Geliebten Henry Miller schreibt: »Mich verlangt verzweifelt nach Dir, ich möchte die Beine weit öffnen, ich schmelze und zucke«. Aber auch Christiane Vulpius war eine selbstbewusste Frau, die in ihren Briefen ihre ganz eigene Sprache der Liebe entwickelte: »Daß wir noch mannichmal im Garten am Hause schlampampsen können, da freue ich mich darauf«, heißt es in einem von ihnen. Und sie steht damit nicht alleine. So manches berühmte Liebespaar bedient sich ausgefallener Kosenamen und Geheimworte, die für Außenstehende kaum zu entziffern sind. Wer vermag schon genau zu sagen, von welchem »cuño« in Lola Montez' Brief an König Ludwig I. die Rede ist?

Erst das 20. Jahrhundert sprengt die Fesseln. Was vorher die große Ausnahme war, wird nun zur Regel: Frauen, die als in der Liebe Handelnde auftreten und nicht mehr nur als die dem Liebesschicksal Ergebene – eine Lebens- und Liebesvielfalt, die sich in zahlreichen faszinierenden Briefen widerspiegelt. Die hier versammelten *Liebesbriefe berühmter Frauen* erzählen von pulsierender Leidenschaft und bitterer Eifersucht, von den Gipfelstürmen der Liebe und deren stillem Glück, vom Rausch der Sinne, von Verlustängsten und Zweifeln und von der Kälte des Verlassenwerdens. Jedes einzelne Schicksal ist anders, und doch scheinen die Spielarten der Liebe immer gleich: Zelda Sayre sieht ebenso hoffnungsfroh ihrem Eheglück entgegen wie hundert Jahre zuvor Clara Wieck. Claire Golls große Liebe ist durch eine Nebenbuhlerin bedroht wie die von Madame de Staël. Juliette Drouet sucht ebenso wie Camille Claudel, dem übermächtigen Schatten eines berühmten Geliebten zu entfliehen. Erika Mann schwankt nicht anders als Virginia Woolf zwischen der Zuneigung und Distanzgewinnung zu einer geliebten Frau. In München und London erfahren Lola Montez und Wallis Simpson, wie es ist, einen leibhaftigen König zu lieben. Dorothy Sayers muss mit einem unehelichen Kind und einer unerwiderten Liebe fertigwerden, Marie Curie und Édith Piaf mit dem plötzlichen Unfalltod ihrer geliebten Männer.

Ein Liebesbrief ist ein Fenster zu einer Liebesgeschichte. Wie der korrespondierende Band *Liebesbriefe großer Männer* greift auch das vorliegende Buch die Geschichte der einzelnen Paare auf. Wie alles angefangen hat, welchen Verlauf die Liebe nimmt, ob sie traurig endet oder glücklich, ob die Leidenschaft erlischt, die Ehe hält, die Nebenbuhlerin das Feld räumt, der geliebte Mann zurückkehrt – davon erzählen die Texte, die den vorgestellten Briefen beigegeben sind. Nicht wenige der berühmten Frauen lassen sich dabei in ganz neuem Licht entdecken: »Oh, Herr Potemkin, was für ein Wunder hast Du vollbracht, indem Du jemandem den Kopf so sehr verdrehtest«, schreibt Katharina die Große an ihren Liebhaber, »einen Kopf, der bisher in der Welt als einer der besten Europas berühmt war.« Und wer hätte sich Rosa Luxemburg als zerbrechliche Liebende vorstellen können, die in einem Brief gesteht: »Ich bin jetzt empfindlich und mißtrauisch wie ein Hase«?

»Bis dass der Tod euch scheidet«: So lautet das Versprechen und mit ihm die Hoffnung auf die Liebe, die ein ganzes Leben überdauert. Auch von solch glücklichen Geschichten erzählt dieses Buch. Doch Sicherheiten gibt es in der Liebe nicht. Und manchmal erweist sich erst ganz am Ende, welche Liebe die große, die wahre, die Liebe des Lebens war. Auguste Rodin verlangt am Totenbett nach Camille Claudel, die er Jahrzehnte zuvor zum letzten Mal gesehen hat. Simone de Beauvoir wird mit dem Ring ihres Geliebten Nelson Algren am Finger begraben – Zeichen der Erinnerung an eine Liebe, die vierzig Jahre zuvor ihre Erfüllung gefunden hatte.

»Ist es so schwer, sich zu lieben?«, fragt die blutjunge Schauspielerin Manon Balletti ihren erfahrenen Liebhaber – niemand anders als Giacomo Casanova. Ja, es ist schwer zu lieben – auch dann, wenn einem nicht ein Casanova den Kopf verdreht –, aber das Glück der Liebe wiegt alles andere auf. Glücklich all jene, die wenigstens ein Mal im Leben Grund haben, wie Katherine Mansfield zu jubeln: »Mein Geliebter – Liebster von der ganzen Welt ich küsse Dich. Ich küsse Dich – ich bin heute so glücklich, daß ich gern eine Fahne aus meinem Fenster hängen würde – kennst Du das Gefühl?«

Petra Müller & Rainer Wieland

Ich bin so unerhört glücklich, endlich zu lieben! Dich zu lieben, Dich!

Sarah Bernhardt an Jean Mounet-Sully

[Januar 1873]

Laß das Stirnrunzeln und sei mir nicht allzu böse, mein Geliebter. Ich habe meinen kleinen Sohn nach Paris mitgenommen, weil er heute morgen Fieber hatte. Ich hoffe, es ist nichts, nichts Ernstes, aber ich bin eben in erster Linie Mutter.

Das verstehst Du doch sicher. Du weißt, daß es die Wahrheit ist, Liebster, und daß es im Leben Dinge gibt, die man niemals als Vorwand anführen würde, nicht einmal einer Kaprice wegen. Süßer Geliebter, sei nicht böse. Laß mich lieber von der närrischen Zärtlichkeit sprechen, die ich für Dich empfinde. Laß mich Dir sagen, daß ich Dich liebe, mit der ganzen Kraft meiner Seele, daß mein Herz Dir gehört und daß ich beinahe glücklich bin; daß ich nun vielleicht das Leben lieben werde, weil ich die Liebe liebe oder vielmehr, weil ich nun weiß, was Liebe ist!

Habe ich Dir schon von meinen fiebrigen Liebes-Anwandlungen erzählt und von den enttäuschten Hoffnungen, von meiner unermüdlichen Suche, die immer wieder ins Leere führte, ins Nichts; von meinen Tränen der Wut, meinen ohnmächtigen Schreien und meiner wahren und tiefen Verzweiflung? Dir verdanke ich die Entdeckung der Liebe, und es ist nicht nur eine Liebe, die ich bei jemandem wachrufe, sondern eine Liebe, die auch die meine ist, die ich in mir spüre. Ich bin so unerhört glücklich, endlich zu lieben! Dich zu lieben, Dich! Du kannst Dir nicht vor-

stellen, wie dankbar ich Dir dafür bin! Möge Dir meine Liebe eines Tages Beweis dafür sein. Liebe mich, ich bitte Dich, hab mich lieb! Laß Dein Herz an meinem Herzen sein, laß meine Traurigkeit und meine Zweifel an Deiner mitfühlenden Seele dahinschmelzen, öffne mir Dein Sein und laß mich eintreten und eins mit Dir werden, und empfange mit diesem aus Erinnerungen und Hoffnungen gewebten Kuß all das, was das Herz einer Frau an Schönheit und Poesie zu geben weiß.

Ich liebe Dich, das ist die Wahrheit, ich liebe Dich mit ganzer Seele. Ich lege meine Arme um Deinen Kopf und meine Lippen auf die Deinen, alle Liebesworte raunend, die Du je gehört hast.

Die Deine.

Sarah Bernhardt

»Sie schritt mit der Haltung einer Königin, schwebte wie eine Wolke oder schlich geschmeidig wie eine Katze. Ihr schmales, blasses Gesicht war erstaunlich wandlungsfähig. Sie konnte erröten, weinen und sterben wie keine andere«, heißt es über sie. Ob als Tosca, Kameliendame, Königin Elisabeth oder Phädra: die »göttliche« Sarah Bernhardt verzauberte ihr Publikum. Schon zu Lebzeiten war die 1844 in Paris geborene Schauspielerin ein »Mythos«, eine »Legende«. 1872 – sie ist gerade 28 – geht Sarah Bernhardt vom Théâtre de l'Odéon an die Bühne des berühmtesten französischen Theaters, die Pariser Comédie Française. Dort trifft sie bei einer Probe Jean Mounet-Sully wieder, einen Schauspielkollegen. Er gehörte längst zu ihren stillen Bewunderern, sie hatte ihn bisher wohl kaum wahrgenommen. »Nein, das ist nicht möglich, du bist es, Mounet?«, soll sie ausgerufen haben. »Aber was ist passiert? Du bist schön!« Seine Schönheit erschien ihr geradezu »skulptural«. Er war eine stattliche Erscheinung, mit schwarzer Lockenmähne, glühenden Augen und einer beeindruckenden Stimmgewalt. Ein Bild von einem Mann, und offenbar höchst »männlich«: »Bis zu meinem sechzigsten Lebensjahr dachte ich, es sei ein Knochen«, schreibt er mit naiver Schamlosigkeit in seinen Memoiren.

Das kurze Probengespräch endete mit einem verheißungsvollen »Wir sehen uns später«. Das Wiedersehen fand nicht nur auf, sondern auch hinter der Bühne statt. Sarah Bernhardt und Jean Mounet-Sully wurden das berühmteste Liebespaar des französischen Theaters. Sie liebten sich leidenschaftlich, doch ebenso leidenschaftlich stritten sie. Die Dramen, die sie auf der Bühne spielten, setzten sie zu Hause fort. Dass Sarah kapriziös war, mit ihm spielte, ihn allzu oft mit Ausflüchten vertröstete, all das entzündete Mounets hitziges Temperament und seine Eifersucht umso mehr. Oft war er rasend vor Wut. Bei einem ihrer Freunde beschwerte sich Sarah, ihr geliebter Mounet habe ihr fast die Handgelenke zerquetscht, sie an den Haaren gezogen und gezwickt. »Dieser Idiot, dieser Hurrikan im Haus, dieser geniale Idiot«, schimpfte sie. »Er war ein gefährlicher Irrer, aber auch ein schönes Tier!« Sarah flehte den Geliebten an, sich zu beherrschen, »im Namen ihrer Liebe«. Ihre Briefe an ihn spiegeln die Stürme der Leidenschaft und das langsame Verblassen ihrer Zuneigung. Sie habe ihm doch bereits deutlich gesagt, dass sie ihn nicht mehr liebe, schreibt sie Mounet im Januar 1874 und fügt hinzu: »Mein Herz verlangt mehr Aufregung, als irgendjemand in der Lage ist zu geben. Niemals ist es die Liebe, die ich mir erträumte.«

Ein wahrer Strom widersinniger Worte fließt aus meinem Kopf

Zarin Katharina II. an Fürst Grigori Potemkin

[Petersburg, März 1774]

Liebling,

ich glaube, Du hast Dir wirklich eingebildet, ich würde Dir heute nicht schreiben. Ich bin um fünf Uhr morgens aufgewacht, und jetzt ist es sieben Uhr. Ich werde Dir schreiben … Ich habe meinem ganzen Körper bis zum kleinsten Härchen den feierlichen Befehl erteilt, Dir auch nicht durch das kleinste Zeichen zu verstehen zu geben, daß er Dich liebt. Ich habe meine Liebe unter zehnfachem Verschluß in meinem Herzen eingesperrt; sie erstickt dort, denn es ist nicht bequem, und ich habe das Gefühl, sie könne explodieren. Überleg Dir das einmal, Du vernünftiger Mann, kann man so viel Torheit in wenigen Zeilen zum Ausdruck bringen? Ein wahrer Strom widersinniger Worte fließt aus meinem Kopf. Ich verstehe nicht, wie Du eine Frau mit so zusammenhanglosen Gedanken ertragen kannst. Oh, Herr Potemkin, was für ein Wunder hast Du vollbracht, indem Du jemandem den Kopf so sehr verdrehtest, einen Kopf, der bisher in der Welt als einer der besten Europas berühmt war. Welch eine Schande! Welche Sünde! Katharina II., ein Opfer dieser verrückten Leidenschaft … ein weiterer Beweis Deiner uneingeschränkten Macht über mich. Genug! Genug! Ich habe schon eine so sentimentale Philosophie zu Papier gebracht, die Dich nur zum Lachen bringen wird. Nun gut, verrückter Brief, flattere zu jenen glücklichen Räumen, wo mein Held zu Hause ist ... Lebe wohl, Giaur, Moskowiter, Kosak ...

❦

Im Winter 1773/74 brennt nachts immer öfter Licht in der *banja,* dem Badehaus des Petersburger Winterpalais. Man hört vertrauliches Flüstern und Gelächter hinter den Türen. Nur hier konnten die beiden Gesprächspartner das sein, was sie am meisten zu sein wünschten: ein Liebespaar. Und was für ein Paar! Grigori Potemkin, Offizier der kaiserlichen Garde, und eine der mächtigsten Frauen Europas: Katharina die Große. Mit 33 Jahren war die in Stettin geborene Prinzessin Sophie von Anhalt-Zerbst russische Zarin geworden – mithilfe eines Staatsstreiches gegen ihren eigenen Ehemann. In der einfachen, grünen Gardeuniform eines Hauptmanns war sie am 28. Juni 1762 die Treppe des Winterpalais hinuntergestiegen, um mit den versammelten Gardisten Peter III. vom Thron zu stürzen. In diesem Moment mag sie mehr als nur ein Gardisten-Herz erobert haben. Aber nur einer unter ihnen ist kühn genug, auch das ihre erobern zu wollen. Grigori Potemkin versäumt keine Gelegenheit, seine Ergebenheit gegenüber der Kaiserin unter Beweis zu stellen und ihre Aufmerksamkeit auf sich zu lenken. Sein Wagemut lässt die Zarin nicht unbeeindruckt. Sie befördert ihn von einer Position zur nächsten, gewährt ihm ihre Gunst und bald schon den Zutritt zu ihrem intimen Kreis. Potemkins Witz und Intelligenz nehmen sie für ihn ein, sein Charme und seine Schönheit entzünden das Feuer ihrer Leidenschaft.

Wie ein römischer Gott soll er ausgesehen haben, obwohl ihm ein Auge fehlte. »Mein Abgott« nennt ihn liebestrunken die Kaiserin, »Grischenka«, »meine Zwillingsseele«, »mein Täubchen«, »mein Tiger«. Er antwortet etikettentreu mit »Kaiserliche Majestät« oder mit »Matuschka«, »Mütterchen«. Über Staatsangelegenheiten korrespondieren sie auf Russisch, über Liebesdinge auf Französisch. Wie man weiß, war Katharina eine leidenschaftliche Person, und Potemkin war weder ihr erster noch ihr letzter Liebhaber, aber wohl bei keinem anderen verlor sie derart den Kopf. »Meine marmorne Schönheit«, schreibt sie ihm, »mein Geliebter, besser als jeder König ... kein Mann auf Erden kommt Dir gleich.« Ganz Mannsbild, wandelt dieser im Morgenrock, seine behaarte Brust zur Schau stellend und stets barfuß durch den Zarenpalast. Ein russischer Recke, ein tapferer Kämpfer für sein Vaterland, ein Staatsmann und ein Verführer. Die Zarin mag keine Nacht mehr ohne ihn verbringen und keine politische Entscheidung treffen, ohne seinen Rat gehört zu haben. Fürstentitel und Paläste schenkt sie ihm, sogar eine heimliche Hochzeit soll es gegeben haben. Aber dennoch leidet Potemkin – unter krankhafter Eifersucht. Mit seinen Zweifeln malträtiert er die Geliebte. Streitigkeiten verdunkeln den Liebeshimmel. Der Kaiserin wird es schließlich zu viel, und sie gibt einem anderen Günstling den Vorzug. Potemkin zieht 1787 als Oberbefehlshaber des russischen Heeres erneut in den Krieg gegen die Türken. Besorgt erkundigt sich die Kaiserin in vielen Briefen nach seinen Fortschritten und seinem Befinden. Als sie im Oktober 1791 die Nachricht von seinem frühen Tod erhält – er stirbt an Malaria –, ist sie zutiefst getroffen. »Sie machen sich keine Vorstellung von meinem Kummer«, schreibt sie noch in derselben Nacht an einen Freund. Wie eine dunkle Wolke lastet Potemkins Tod auf dem Gemüt und dem Schicksal der Zarin. Mit dem Leben des Fürsten endet auch das Goldene Zeitalter ihrer Regentschaft.

Für mich bist Du Wüste und Meer und alles was Geheimnis ist

Ingeborg Bachmann an Paul Celan

Wien, am 24. Juni 1949

Du Lieber,

weil ich so garnicht daran gedacht habe, ist heute, am Vortag – im vergangenen Jahr war es doch auch so – Deine Karte richtig angeflogen kommen, mitten in mein Herz, ja es ist so, ich hab Dich lieb, ich hab es nie gesagt damals. Den Mohn hab ich wieder gespürt, tief, ganz tief, Du hast so wunderbar gezaubert, ich kann es nie vergessen.

Manchmal möchte ich nichts, als weggehen und nach Paris kommen, spüren, wie Du meine Hände anfaßt, wie Du mich ganz mit Blumen anfaßt und dann wieder nicht wissen, woher Du kommst und wohin Du gehst. Für mich bist Du aus Indien oder einem noch ferneren, dunklen, braunen Land, für mich bist Du Wüste und Meer und alles was Geheimnis ist. Ich weiß noch immer nichts von Dir und hab darum oft Angst um Dich, ich kann mir nicht vorstellen, daß Du irgend etwas tun sollst, was wir andern hier tun, ich sollte ein Schloß für uns haben und Dich zu mir holen, damit Du mein verwunschener Herr drin sein kannst, wir werden viele Teppiche drin haben und Musik, und die Liebe erfinden.

Ich habe oft nachgedacht, »Corona« ist Dein schönstes Gedicht, es ist die vollkommene Vorwegnahme eines Augenblicks, wo alles Marmor wird und für immer ist. Aber mir hier wird es nicht »Zeit«. Ich hungre nach etwas, das ich nicht bekommen werde, alles ist flach und schal, müde und verbraucht, ehe es gebraucht wurde.

Mitte August will ich in Paris sein, ein paar Tage nur. Frag mich nicht warum, wozu, aber sei da für mich, einen Abend lang oder zwei, drei ... Führ mich an die Seine, wir wollen so lange hineinschauen, bis wir kleine Fische geworden sind und uns wieder erkennen.

Ingeborg.

❦

»Er war mein Leben. Ich habe ihn mehr geliebt als mein Leben«, schreibt Ingeborg Bachmann in ihrem ersten und einzigen Roman *Malina*. Dass mit diesem »er« Paul Celan gemeint ist, weiß man erst, seit der Briefwechsel zwischen Ingeborg Bachmann und ihm 2008 zur Veröffentlichung freigegeben wurde. Die Sichtung ihrer Briefe und die Entschlüsselung der geheimen Wortzeichen zwischen beiden Dichtern legten die Spuren einer großen Liebe frei. Dass sie beide Dichter waren, verband sie auf besondere Weise. Dass der eine rumänischer Jude war, dessen Eltern im KZ ermordet wurden, die andere die Tochter eines NSDAP-Funktionärs, setzte der Nähe zueinander eine große Fremdheit entgegen.

Im Mai und Juni 1948 in Wien gibt es nur Nähe, gibt es Mohnblumen und zärtliche Gedichte, mit denen Paul Celan die Geliebte königlich beschenkt. »Der surrealistische Lyriker Paul Celan« habe sich »herrlicherweise« in sie verliebt, schreibt die 21-jährige Ingeborg Bachmann am 20. Mai ihren Eltern. Und Celan schreibt seinerseits in »Corona«, dem im Brief erwähnten Gedicht: »Mein Aug steigt hinab zum Geschlecht der Geliebten / wir sehen uns an / wir sagen uns Dunkles, / wir lieben einander wie Mohn und Gedächtnis.« Ende Juni 1948 geht Celan zurück nach Paris. Ingeborg Bachmann hält an ihren eigenen Plänen fest und bleibt in

Wien. Vieles von dem, was sie in den Folgejahren schreiben, ist an den jeweils anderen gerichtet. Im November 1951 lernt Paul Celan in Paris die Künstlerin Gisèle de Lestrange kennen, die er ein Jahr später heiratet. »Laß uns nicht mehr von Dingen sprechen, die unwiederbringlich sind« – so formuliert er seine Absage an die Geliebte im Februar 1952. »Und bitte komm nicht meinetwegen nach Paris.«

Ingeborgs Bemühungen, die Freundschaft dennoch aufrechtzuerhalten, quittiert Celan überwiegend mit Schweigen. Aber alles erloschen Geglaubte flammt wieder auf, als sie sich im Oktober 1957 zufällig bei einer Tagung in Wuppertal treffen. Einen Sturm von Worten lässt Celan nun auf die Geliebte los, als müsse alles Verschwiegene der letzten Jahre auf einmal aus ihm heraus. »Lies, Ingeborg, lies!«, »Für Dich, Ingeborg, für Dich«: In beschwörendem Ton schickt er Gedichte und Liebesworte. Eine zweite »Herzzeit« beginnt. Aber zu viel steht einer wirklichen Bindung im Wege, vor allem Celans Frau und der inzwischen geborene Sohn. Am 7. Mai 1958, ziemlich genau zehn Jahre nach ihrer ersten Begegnung in Wien, trennen sich Celan und Bachmann erneut. Diesmal kämpfen beide um den Erhalt ihrer Freundschaft, regelmäßig schreiben sie sich. Zuflucht und Bestärkung suchen sie beieinander, vor allem Celan leidet an der Welt. Doch auch Ingeborg kann ihn nicht aus den Dornenhecken seines seelischen Leidens befreien. Die traurige »Goll-Affäre« – Yvan Golls Witwe Claire beschuldigte den ehemaligen Freund des Plagiats – versetzt ihm einen schweren Schlag. Zwei Mal hatte er in seinen psychotischen Wahnmomenten versucht, seine Ehefrau zu töten, nun tötet er sich selbst. Die Seine, an die Ingeborg einst von ihm geführt werden wollte, wird im April 1970 sein Todesbett. »Mein Leben ist zu Ende, denn er ist auf dem Transport im Fluß ertrunken«, heißt es in *Malina*. Drei Jahre nach Celans Freitod, im Oktober 1973, kommt Ingeborg Bachmann bei einem Brand ums Leben – sie war mit angezündeter Zigarette im Bett eingeschlafen. Sie waren wie Feuer und Wasser, und so starben sie auch.

Ich schlafe splitternackt, dann träume ich, Sie seien hier

Camille Claudel an Auguste Rodin

[Château de l'Islette, Touraine, um 1892]

Da ich nichts zu tun habe, schreibe ich Ihnen schon wieder. Sie können sich nicht vorstellen, wie angenehm es ist in Islette.

Heute habe ich im mittleren Saal gegessen (der als Treibhaus dient, und wo man auf beiden Seiten in den Garten sieht).

Madame Courcelles hat mir angeboten (dabei hatte ich kein Sterbenswörtchen davon gesagt), auch Sie könnten, wenn Sie Lust hätten, von Zeit zu Zeit oder gar regelmäßig hier essen (sie scheint mir geradezu erpicht darauf). Und es ist so hübsch dort!

Ich bin im Park spazierengegangen, alles ist abgemäht, Heu, Weizen, Hafer, man kann ringsherum gehen, sehr reizvoll. Sollten Sie Ihr Versprechen wirklich wahrmachen – es wäre das Paradies.

Einen Arbeitsraum dürften Sie sich bestimmt aussuchen. Ich bin sicher, die Alte wird Sie vergöttern.

Sie schlug mir vor, doch auch im Fluß zu baden, wie ihre Tochter und das Kindermädchen; es soll völlig gefahrlos sein.

Wenn Sie gestatten – ich werde es tun. Und zwar mit Vergnügen. Dann erspare ich mir auch die Fahrt nach Azay zu den warmen Bädern. Würden Sie wohl die Freundlichkeit haben, mir im Louvre oder im Bon Marché (Kammgarn!) oder in Tours ein niedliches dunkelblaues, weiß eingefaßtes, zweiteiliges, aus Mieder und Beinkleid (mittlerer Größe) bestehendes Badekostüm zu kaufen?

Ich schlafe splitternackt; dann träume ich, Sie seien hier; doch wenn ich aufwache, ist alles ganz anders.

Betrügen Sie mich ja nicht mehr.

❦

1887 reisen Auguste Rodin und Camille Claudel zusammen in die Touraine und entdecken dort das Château de l'Islette, ein kleines Wasserschloss, das zu einem ihrer Liebesnester wird. In den Sommermonaten arbeitet und lebt Camille oft dort und wartet auf Besuch von Rodin. In den Augen ihrer Zeitgenossen war er der große und bedeutende Künstler und sie die Schülerin, die kleine Mätresse, die den Bildhauer Rodin anbetete und von dessen Meisterschaft profitierte. Umso überraschender zu lesen, dass Camille den großen Maestro in ein Pariser Kaufhaus schickte, um ihr ein – für damalige Verhältnisse – recht intimes Kleidungsstück zu besorgen. Wer hier wohl wen angebetet hat?

Camille war eine charakterstarke und entschlossene Frau und eine außergewöhnlich begabte und leidenschaftliche Bildhauerin und Malerin. Dennoch ist es ihr zu Lebzeiten nicht gelungen, sich aus Rodins Schatten zu lösen. Erst 1989 reißt der nach ihr benannte Kinofilm Camille Claudel aus der Vergessenheit und zeigt beider Beziehung in einem neuen Licht. Zerrissen zwischen Glück und Verzweiflung, sagt der Rodin im Film: »Ohne sie bin ich nichts mehr. Sie ist zur einzigen Quelle meiner Inspiration geworden.« Unzählige Porträts erschafft er von der 24 Jahre jüngeren Geliebten. Zeigt sie als *Eva*, *Danae* oder als *Gedanken*, greift in Skulpturen wie *Der Kuß* oder *Das ewige Idol* das Motiv der Liebe auf. Zunächst ist sie tatsächlich seine Schülerin, dann wird Camille Rodins Gehilfin, Modell, Muse und Geliebte. Doch ihr Kampf um künstlerische Ebenbürtigkeit und Unabhängigkeit gibt Anlass zu immer neuen Streitigkeiten und Konkurrenzkämpfen, die der Liebesbeziehung zusetzen. Nach elf Jahren streicht Rodin die Segel und kehrt zu seiner langjährigen Lebensgefährtin Rose Beuret zurück – zu der Frau, die ihn rückhaltlos bewundert und unterstützt. Im Film verlässt er die weinende Camille mit den Worten: »Es ist vorbei. Ich will keinen Liebeskummer mehr. Ich will nicht mehr die Tyrannei der Gefühle.«

Camille gerät nach der Trennung in eine schwere Krise. Verzweifelt kämpft sie um künstlerische Anerkennung und schafft Skulptur um Skulptur. Viele ihrer Arbeiten zerstört sie wieder, noch bevor sie fertig sind. Sie lebt einsam, inmitten einer Schar von Katzen, verwahrlost und verfällt dem Alkohol. 1913 lässt ihre Familie sie in die Psychiatrie einweisen, wo sie bis zu ihrem Tod dreißig Jahre später bleibt. Rodin, der 1917 im Alter von 77 Jahren starb, soll auf dem Sterbebett nach seiner »Frau« verlangt haben. Als man auf die anwesende Rose Beuret wies, die er kurz zuvor geheiratet hatte, soll er wie im Traum gemurmelt haben: »Nein, nicht die, die andere, die aus Paris.«

Dies Leben pulsiert mit Sonnenschein und Seligkeit, grenzenlos

Katherine Mansfield an Garnet Trowell

[Beauchamp Lodge, London]
Dienstag morgen [13. Oktober 1908]

Geliebter – auch wenn ich Dich nicht sehe, wisse, daß ich Dein bin. Jeder Gedanke, jedes Gefühl in mir gehört Dir – ich wache morgens auf und habe von Dir geträumt – und den ganzen Tag über, während mein äußerliches Leben stetig weitergeht, lebe ich in meinem inneren Leben immer wieder heftig mit Dir. Mit Dir durchlaufe ich jede Phase des Gefühls, die möglich ist – Dich zu lieben – dies *Leben pulsiert mit Sonnenschein und Seligkeit, grenzenlos, gewaltige unergründliche Quellen der Seligkeit – und Du. Ach, könnte ich all die leidenschaftlichen, himmlischen Gedanken, die beim Gedanken an Dich in aufgewühlten Wellen über mein Herz hereinbrechen, nur einmal in Worten ausdrücken.*

Bist Du schon jemals im sehr aufgewühlten Meer geschwommen? Ich schon – Du wirfst Dich in die Brecher – die Wellen schlagen dicht über Dir zusammen – doch Du schüttelst das Wasser aus Augen und Haaren – und dann kommt das Gefühl unglaublicher Kraft. Etwas Gigantisches hat Dich in seiner Gewalt – berauscht lachst Du – halb wild vor Lachen und Erregung. So fühle ich mich, wenn ich auf das Meer leidenschaftlichen Glücks geworfen werde. Ich liebe Dich – Ich liebe *Dich.*

Heute ist London in eine Hülle grauen Nebels eingemummt.

Es ist kalt und frostig. Man hört das schwere, polternde Geräusch vorbeifahrender Karren ... Kennst Du einen solchen Tag in der City?

Gestern abend war ich im Theater – mit ein paar Leuten aus Neuseeland – und kam vom Trafalgar Square in einem Hansom direkt hierher zurück. Es ging gerade auf zwölf Uhr. Der Himmel war von fahlen Feuern gefärbt – zu einer vollkommenen Perle gewölbt. Bleiche Männer und Frauen scharten sich in gebrochenen Gruppen um die Türen der Wirtshäuser. Aus manchen Bars drang das Geräusch gräßlichen Gelächters. Und alle Straßen streckten sich nach jeder Seite aus wie das schwarze Netz einer monströsen Spinne. In der Edgware Road kamen wir an einer langen Prozession der Arbeitslosen vorbei. Sie trugen einen scharlachfarbenen Banner. Du kannst Dir nicht denken, wie gräßlich und unheimlich sie aussahen – wie sie dahintrotteten – zu Hunderten – monoton, drängend – wie eine graue Prozession toter Stunden.

Ich kam zurück in mein Zimmer hier und machte mir Tee – & trank ihn, eingerollt in meinem Sessel sitzend – ein kleines Häufchen Deiner Briefe auf dem Schoß. Ich las sie langsam, mein Liebling, und schien mit Dir zu leben, während ich sie las – Deine wundervollen, befriedigenden Briefe. Ob Du wohl, so fragte ich mich, im Bett warst und schliefst, während ich dasaß, still, und so lebhaft an Dich dachte, daß Du wohl aus dem tiefsten Schlummer erwacht wärst.

Garnet, dies ist der letzte Tag meines neunzehnten Jahres.

Denk nur, wenn wir beide über dreißig *sind. Ich glaube, wir werden wirklich sehr jung sein. Ich muß arbeiten.*

Mein Geliebter – Liebster von der ganzen Welt ich küsse Dich. Ich küsse Dich – ich bin heute so glücklich, daß ich gern eine Fahne aus meinem Fenster hängen würde – kennst Du das Gefühl? Ah, Liebster – Ich liebe Dich

Ich bin auf immer Dein –

Kass.

❦

Als Teenagerin bereitete die aus gutem Hause stammende Katherine Mansfield ihrer Familie allerhand Kummer. Sie schwärmt für moralisch höchst zweifelhafte Schriftsteller wie Oscar Wilde, und dann beginnt sie auch noch, selbst zu schreiben. Für ihr Elternhaus – allen voran ihren Vater, den Direktor der Bank von Neuseeland in Wellington – empfindet »Kass«, wie sie sich nennt, nichts als Spott und Verachtung. Im Sommer 1908, im Alter von neunzehn, entflieht sie dem elterlichen Einflussbereich und reist nach Europa. In London will sie das Cellospiel studieren. Sie findet Unterschlupf in der Beauchamp Lodge, einem Wohnheim für Musikstudenten. Und lebt nach der Devise: »Wozu hat man einen Körper mitbekommen, wenn man ihn wie eine Geige in einen Kasten einschließen muss?«

Als die Mutter ein knappes Jahr später ihre Tochter besuchen kommt, um nach dem Rechten zu sehen, erlebt sie eine böse Überraschung: Katherine ist im fünften Monat schwanger. Der Übeltäter ist ein Landsmann und Mitstudent namens Garnet Trowell, für dessen Zwillingsbruder Katherine einst als Mädchen geschwärmt hatte. Und damit nicht genug: In London hat sie auch geheiratet, aber nicht den künftigen Vater ihres Kindes, sondern einen zehn Jahre älteren Gesangslehrer aus Cambridge. Es ist nicht wirklich ein Trost, dass sie den frisch gebackenen Ehemann schon in der Hochzeitsnacht wieder verlassen hat. Die Mutter liefert die schwangere Tochter im bayerischen Bad Wörishofen ab. In der »Pension Müller« soll Katherine in aller Stille ihr Kind zur Welt bringen und danach zur Adoption freigeben. Doch sie erleidet Ende Juni 1909 eine Fehlgeburt. Die schillernde Kurgesellschaft, die sie während ihres halbjährigen Aufenthalts im Luftbad Wörishofen kennenlernt, wird zum Thema ihres ersten Erzählungsbandes mit dem Titel *In einer deutschen Pension.* Es ist der Beginn ihrer Karriere als Schriftstellerin.

Ende 1909 kehrt Katherine wieder nach Neuseeland zurück. Dort lernt sie ihren späteren Ehemann kennen, den Kritiker und Biografen John Middleton Murry. Er wird sie bis zum Ende ihres Lebens begleiten. Viel Zeit war ihr nicht vergönnt. Im Januar 1923 stirbt sie im Alter von 34 Jahren an Tuberkulose. In ihren letzten Jahren entstanden die großen Erzählungen, allen voran *Das Gartenfest,* die ihren posthumen Ruhm begründeten. »Sie ist die Einzige, auf deren Schreiben ich jemals eifersüchtig war«, sagte Virginia Woolf über sie.

Nach Katherine Mansfields Tod gibt ihr Mann John Murry nicht nur ihre gesammelten Erzählungen, sondern auch ihre Tagebücher und Briefe heraus. Dass die folgenreiche Affäre mit Garnet Trowell aus dem Jahr 1908 mehr war als ein bloßer One-Night-Stand, zeigen ihre Briefe an diesen. Was Trowell ihr zur Antwort schrieb, werden wir nie erfahren. Das »kleine Häufchen« der Gegenbriefe, das Katherine Mansfield in dem hier abgedruckten Schreiben erwähnt, ist verloren gegangen.

Ich erwarte Sie, ich liebe Sie, ich möchte Ihnen alles sein und dann sterben

Julie de Lespinasse an den Comte de Guibert

Montag, vier Uhr nachmittags
[Paris, Ende Mai 1774]

Ganz gewiß nicht, mein Freund, nehme ich in diesem Augenblick für mich das Recht auf Vergeltung in Anspruch, denn es bin ja nicht ich, mit der Sie befaßt sind. Mein Gott, wie sollten Sie auch an mich denken inmitten so zahlreicher und so verführerischer Zerstreuungen, wenn es mir schon nicht gelingt, Ihre Aufmerksamkeit ganz auf mich zu lenken, wenn wir beide ganz allein mit uns sind? Wissen Sie, warum ich Sie lieber am Abend als zu den übrigen Stunden des Tages bei mir sehe? Der Grund ist einfach, weil die vorgerückte Stunde Ihren gewöhnlichen Beschäftigungen Einhalt gebietet, haben Sie dann doch nicht mehr die Möglichkeit, Madame soundso aufzusuchen, bei Gluck zu sein und all die anderen aberhundert Unnützigkeiten zu tun, denen Sie, wie es scheint, Ihr Interesse nur zuwenden, um mich alsbald wieder verlassen zu können. Aber glauben Sie nur ja nicht, daß ich Ihnen das zum Vorwurf machen will, sind dies doch nur Anmerkungen, die ich mir nicht versagen kann angesichts des Grads der Zuneigung, die ich für Sie hege. Mir liegt es ziemlich fern, irgend etwas zu fordern, so daß ich mir wohl hundert Mal am Tag sage, ich muß mich beherrschen, meine Gefühle soweit im Zaume halten, bis sie nicht mehr genug Kraft haben, mir die Seele zu zermartern, und ich dann nichts erwarte, sondern für alles nur noch dankbar bin. Mit anderen Worten: Wäre mein Herz zufällig in Leidenschaft entbrannt, dann müßte ich eher versuchen, dieses Feuer zu löschen, als es mit Ihnen zu teilen. Wissen Sie aber, mein Freund, was mir die Kraft dazu geben könnte? Das ist meine tiefinnere Überzeugung, daß es Ihnen einfach nicht gegeben ist, einer regen und leidenschaftlichen Seele das Glück zu bringen. Damit will ich Ihnen aber keineswegs sagen, obwohl dies sehr naheliegend wäre, ich sei nicht dafür geschaffen, ein tiefes Gefühl zu erwecken, ja, ich vermöchte nicht, jemanden zu reizen, ihn zu fesseln. Das alles ist nur zu wahr, aber es ist nicht das, was mich veranlaßt, Ihnen zu sagen, daß Sie nicht dazu imstande sind, eine starke und empfindsame Seele glücklich zu machen. […] Warum wohl? Weil Sie sehr ehrgeizig sind und weil Ihnen die Liebe als nichts anderes gilt denn als eine Komplikation Ihrer Jugend, die mit Ihrer Seele aber gar nichts zu schaffen hat, auch wenn diese gelegentlich in Wallung gerät. Ihre Seele ist über all das weit erhaben, sie ist vornehm, großartig und tatendurstig, aber sie ist weder sehnsüchtig, noch zärtlich oder leidenschaftlich, und sollte ich Ihnen beweisen müssen, was sich mir in schier unanfechtbarer Klarheit darbietet, dann sagte ich Ihnen nur: »Lesen Sie den Connétable und dann seien Sie ehrlich mit sich selbst und bekennen Sie: ›Sie weiß Bescheid, sie hat mir das Geheimnis meines Herzens entdeckt.‹«

Ach, glauben Sie mir, daß ich verzweifelt bin, so tief in Ihr Herz geblickt zu haben, verlangt es mich doch so sehr nach Liebe, habe ich doch soviel Freude daran zu lieben, was ich liebenswert finde! Es ist mir gänzlich unmöglich, mit Maß zu lieben, so daß es mir das größte Unglück wäre, in Ihnen etwas zu entdecken, das allein meine Leidenschaft zügeln und vielleicht sogar ersticken könnte. Ohne alle Umschweife will ich Ihnen nämlich gestehen, daß ich ohne Gegenliebe nicht zu lieben vermag. Sobald ich aber vom Gegenteil überzeugt bin, verfüge ich über die Kraft einer Märtyrerin, fürchte ich keinerlei Ungemach. Litte ich und litte ich sogar sehr heftig, könnte ich dennoch das Leben lieben und den anbeten und segnen, der mir dieses Leiden zufügt, aber die Voraussetzung dafür ist, daß ich geliebt werde, geliebt werde einer Anziehung wegen und nicht aus Dank, aus Höflichkeit oder Tugendhaftigkeit. Alles das ist abscheulich und nur dazu gut, eine empfindsame Seele zu schänden und zu töten.

Nein, wir wollen aus dem höchsten Gut, mit dem uns die Natur beschenkt hat, nicht ein Werk der Barmherzigkeit oder gar eine gemeine Handlung machen! Es gibt Augenblicke, mein Freund, in denen ich mich Ihnen gewachsen fühle, dann habe ich Kraft, dünke mich erhaben und hege eine überlegene Verachtung gegen alles, was schlecht und unehrenhaft ist. Mit einem Wort: Ich verachte das Leben aus tiefer Seele, und wie es sich mir auch darbieten mag, wird es mich dennoch keinen Moment schrecken, aber so gut wie stets inspiriert es mich zu Taten. Nach diesen Einsichten, die ich über Sie und mich gewonnen habe, sage ich Ihnen nochmals: Lassen Sie uns einander lieben oder uns für immer voneinander trennen, lassen wir die Wahrhaftigkeit und die Großmut im Umgang miteinander walten und auch genug Achtung gegeneinander hegen, um zwischen uns alles für möglich zu halten, außer, daß wir uns täuschen oder daß wir in diesem Zustand des Zweifels und der Furcht leben, der einem notwendigerweise die Ungewißheit verschafft, ob man wirklich geliebt wird. In einem solchen Zustand, mein Freund, hat man weder Vertrauen zu sich noch zu dem, den man liebt. Man hat an nichts Freude. In diesem Augenblick beispielsweise wünsche ich mir mit Inbrunst, Sie mögen noch heute abend von Auteuil zurückkehren, und dann wieder ist mir zu-

mute, als wäre es mir lieber, Sie blieben dort. Können Sie sich vorstellen, welche Leiden dieser Widerstreit zwischen dem Verlangen des Herzens und dem Willen, der nüchterner Überlegung entspringt, verursacht? Schlußfolgerung: Ich liebe Sie bis zum Wahnsinn, aber etwas sagt mir, man dürfe Sie so nicht lieben. Dieses Etwas lärmt in meiner Seele derart, daß ich schier bereit bin, alles andere zum Schweigen zu bringen, um mich ganz dieser schrecklichen Wahrheit anheimzugeben.

Mein Freund, ich sende Ihnen Ihre Arbeiten zurück, damit Sie sich selber der Kritiker sind. Legen Sie letzte Hand an, und seien Sie versichert, daß niemand auf der Welt dem, was Sie schaffen und dessen Sie fähig sind, es noch zu tun, soviel Wert beimißt wie ich. Ohne selbst eitel zu sein, scheint es mir dennoch, daß man seine Eitelkeit, seinen Stolz, seine Tugend, seine Freude und schließlich auch sein ganzes Leben daran geben könnte, Sie zu lieben. Aber derlei sagte ich jetzt gar nicht! Nein, aber das, was ich sagte, habe ich gedacht, habe ich gewußt, aber jetzt bin ich dazu gezwungen, Ihnen zu bekennen, was ich fühle, und mein Herz ist stark im Lieben, aber mein Geist ist so klein, so schwach, so beschränkt, daß ich mir jede Regung und jeglichen Ausdruck verbieten müßte, die nicht aus meinem Herzen kommen. Und es ist mein Herz, das spricht, wenn ich Ihnen sage: »Ich erwarte Sie, ich liebe Sie, ich möchte Ihnen alles sein und dann sterben.«

Leben Sie wohl, es nahen sich Gäste. Ich bin so erfüllt von Ihnen, ich versinke so ganz in meinen Schmerzen, daß mir die Gesellschaft nichts anderes mehr bedeutet als Belästigung und Zwang. Es gibt für mich nur noch zwei Arten zu leben, die mir wohltun: Sie zu sehen oder allein zu sein, ganz allein, ohne Lektüre, ohne Licht und Lärm. Es kommt mir nicht in den Sinn, über meine Schlaflosigkeit zu klagen, ist das doch die angenehmste Zeit von den vier-

undzwanzig Stunden. Bewundern Sie, ich bitte Sie darum, wieviel es mich kostet, Sie zu lassen, während Sie keinerlei Verlangen nach mir haben, mir keinen Gedanken gönnen. Mein Gott, sind Sie deshalb glücklicher? Ja.

❦

Julie de Lespinasse, 1732 als außereheliches Kind in Lyon geboren, wuchs in widrigen ärmlichen Verhältnissen auf. Zu ihrem Glück fand sich eine berühmte Förderin, die sich ihrer annahm: ihre Tante Madame du Deffand, die in der Hauptstadt einen stadtbekannten Salon unterhielt. Die Salonière nahm die 21-jährige Nichte aus der Provinz bei sich zu Hause auf. Hier lernte Julie de Lespinasse die geistreichsten Männer ihrer Zeit kennen, darunter den Ökonomen und späteren Minister Turgot sowie den Mathematiker und Enzyklopädisten d'Alembert. Zu Letzterem entwickelte sie eine lebenslange tiefe platonische Freundschaft. Nachdem sie sich mit Madame du Deffand überworfen hatte, beschloss Julie de Lespinasse, ihren eigenen Salon zu begründen. Und die illustren Besucher der Madame du Deffand folgten Julies Ruf: Ihr Salon wurde zum geistigen Zentrum von Paris, und Mademoiselle de Lespinasse war dessen strahlende Krone.

»Sie war alles andere als schön«, schrieb der Comte de Guibert über seine spätere Geliebte, »aber ihre Häßlichkeit hatte auf den ersten Blick nichts Abstoßendes. Beim zweiten hatte man sich schon daran gewöhnt, aber, sobald sie sprach, hatte man sie bereits ganz vergessen.« Als der Graf sie im Juni 1772 kennenlernte, waren ihre Gesichtszüge bereits von jener Erkrankung entstellt, die sie im Alter von 32 Jahren heimgesucht hatte: den schwarzen Blattern.

Zwei große Leidenschaften gab es im Leben der Lespinasse, denen beide keine lange Dauer beschieden war. Die erste – der Sohn des spanischen Botschafters, Marqués de Mora – endete mit dem frühen Tod des Geliebten. Die zweite – der elf Jahre jüngere Comte de Guibert – endete mit ihrem eigenen frühen Tod. Der junge gut aussehende Graf hatte bereits eine glänzende militärische Karriere absolviert und sich mit einer allgemein bewunderten Schrift über Kriegstaktik hervorgetan, als er in Julies Leben trat. Mehr noch als seine äußere Erscheinung nahm seine Beredsamkeit Julie für ihn ein. Doch war es – worüber Julie sich von Anfang an im Klaren war – ihm nicht gegeben, einer so regen und leidenschaftlichen Seele wie der ihren »das Glück zu bringen«. Er war ihr untreu, und schließlich heiratete er eine andere.

Vier Jahre nachdem sie sich kennengelernt, und drei Jahre nachdem sie begonnen hatten, sich Briefe zu schreiben, starb Julie de Lespinasse im Alter von 43 Jahren. Vermutlich war es eine Überdosis Opium, die zu ihrem Tod führte. Aber wohl vor allem ihre quälende glutvolle Leidenschaft »bis zum Wahnsinn«, die durch immer neue Briefe – insgesamt mehrere Hundert an der Zahl – geschürt wurde. Dreißig Jahre nach dem Tod der Lespinasse kamen ihre gesammelten Liebesbriefe an den Grafen ans Licht der Öffentlichkeit. Und alle, die sie lasen und von ihnen ergriffen wurden, waren sich einig darin, dass diese Briefe Zeugnis geben »vom heftigsten Schlagen eines Herzens« im ganzen 18. Jahrhundert.

Sei bitte, bitte nicht böse mit Deinem Baby

Marilyn Monroe an Joe DiMaggio

[San Francisco, September 1954]

Dear Joe,

I know I was wrong! I acted the way I did and said the things I did because I was hurt – not because I meant them – and it was stupid of me to be hurt because actually there wasn't enough reason – in fact no reason at all. Please accept my apology and don't, don't, don't, don't be angry with your baby – she loves you.

Lovingly, your wife (for life),
Mrs. J. P. DiMaggio.

Lieber Joe,

ich weiß, ich war im Unrecht. Ich habe diese Dinge getan und diese Dinge gesagt, weil ich verletzt war – nicht, weil ich es so gemeint habe –, und es war dumm von mir, so verletzt zu sein. Ich hatte dafür wirklich keinen ausreichenden Grund – eigentlich überhaupt keinen Grund. Bitte nimm meine Entschuldigung an und sei bitte, bitte, bitte, bitte nicht böse mit Deinem Baby – es liebt Dich.

Deine Dich liebende Ehefrau (fürs Leben)
Mrs. J. P. DiMaggio

Marilyn Monroe und Joe DiMaggio, 1954.

Als der Regisseur Billy Wilder für seinen Film *Das verflixte 7. Jahr* die berühmte Szene drehte, in der Marilyn Monroes Rock von der Abluft der New Yorker Subway in die Höhe gewirbelt wird, schaute ein Mann mit »Todesblick« zu. Was bis heute alle Welt begeistert, gefiel Marilyn Monroes zweitem Ehemann Joe DiMaggio überhaupt nicht. Er konnte seine Eifersucht nur schwer im Zaum halten, so wie Marilyn ihm nur schwer die Treue zu halten vermochte. Der Baseballstar und die Filmdiva hatten sich 1952 bei einem arrangierten Blind Date in Hollywoods Restaurant Villa Nova kennengelernt. DiMaggios langes Werben um Marilyn lieferte monatelang Stoff für die Regenbogenpresse, und es war erfolgreich. Am 14. Januar 1954 gibt Marilyn Monroe im Rathaus von San Francisco Joe DiMaggio das Jawort. Doch während sie auf den Höhen ihres Ruhmes dahinsegelte, musste er seine vielversprechende Karriere bei den New York Yankees aus Verletzungsgründen aufgeben. DiMaggio war einer der größten amerikanischen Baseballstars und der erste Sportler überhaupt, dem Jahresverträge mit Traumgagen angeboten wurden. Nun verblasste sein Glanz neben dem seiner Frau. Dieses Ungleichgewicht und DiMaggios Eifersucht wurden der Ehe zum Verhängnis. Die aufrichtige Zuneigung, die sie einander entgegenbrachten, war nicht genug. Nach 274 Tagen Ehe reichte Marilyn die Scheidung ein.

Jahrzehnte später fand ein Auktionator von Baseball-Fanartikeln in einer von Joe DiMaggios alten Brieftaschen einen kleinen zusammengefalteten Zettel, dem anzusehen war, dass er Hunderte Male gelesen worden war. Auf die Rückseite einer Reinigungsquittung hatte Marilyn ihrem seit neun Monaten angetrauten Ehemann diese Liebesbotschaft hinterlassen. Ihr »I know I was wrong« flattert wie eine Fahne über ihren Beziehungen, den vorausgegangenen wie den folgenden. Was ihr im Überfluss zuteilwurde, waren Verehrung und Bewunderung für das Idol, die Sexgöttin Marilyn Monroe, was sie suchte und nicht fand, waren Halt und Geborgenheit für die zerbrechliche Norma Jeane Baker. Als sie nach der gescheiterten Ehe mit dem Schriftsteller Arthur Miller 1961 in einer Nervenklinik landet, ist es Joe, der ihr aus alldem wieder heraushilft. Gerüchte von einer zweiten Heirat machen die Runde. Doch am 5. August 1962 stirbt Marilyn Monroe im Alter von nur 36 Jahren an einer Überdosis Schlaftabletten. Joe kümmert sich um die Beerdigung, und er soll der Mann sein, der nach Marilyns Tod regelmäßig rote Rosen an ihr Grab sandte: dreimal wöchentlich, zwanzig Jahre lang.

Im März 1999 starb Joe DiMaggio im Alter von 84 Jahren an Lungenkrebs. Im Gegensatz zu vielen anderen von Marilyns Männern hat er sich nie öffentlich über seine Beziehung zu ihr geäußert und nie Profit daraus geschlagen. Und er hat nie wieder geheiratet. Sieht so nicht wahre Liebe aus?

Levin, Du bist ein Schlingel und hast mir meine Seele gestohlen

Annette von Droste-Hülshoff an Levin Schücking

[Meersburg, 5. Mai 1842]

Guten Morgen, Levin!

Ich habe schon zwei Stunden wachend gelegen und in einem fort an Dich gedacht; ach, ich denke immer an Dich, immer. Doch punctum *davon, ich darf und will Dich nicht weich stimmen, muß mir auch selbst Courage machen und fühle wohl, daß ich mit dem ewigen Thränenweiden-Säuseln sowohl meine Bestimmung verfehlen als auch Deine Theilnahme am Ende verlieren würde; denn Du bist ein hochmüthiges Thier und hast Einen doch nur lieb, wenn man was Tüchtiges ist und leistet. Schreib mir nur oft, mein Talent steigt und stirbt mit Deiner Liebe; was ich werde, werde ich durch Dich und um Deinetwillen; sonst wäre es mir viel lieber und bequemer, mir innerlich allein etwas vorzudichten. Sobald ich diesen Brief geschlossen, gehts* con furore *ans Werk; ich bin wieder in der fruchtbaren Stimmung, wo die Gedanken und Bilder mir ordentlich gegen den Hirnschädel pochen und mit Gewalt ans Licht wollen, und denke Dir die Beiträge sehr bald schicken zu können, obwohl gewiß der Psalm wieder um zwei Drittel zu lang werden wird, die Du dann mit wahrer Chirurgen-Kälte amputirst. Mich dünkt, könnte ich Dich alle Tage nur zwei Minuten sehn, – o Gott, nur einen Augenblick! – dann würde ich jetzt singen, daß die Lachse aus dem Bodensee sprängen, und die Möwen sich mir auf die Schulter setzten! Wir haben doch ein Götter-*

leben hier geführt, trotz Deiner periodischen Brummigkeit! Ob ich Dir bös bin? Ach Du gut Kind, was habe ich schon für bittere Thränen darüber geweint, daß ich Dir noch zuletzt so harte Dinge gesagt hatte! Und doch war viel Wahres darin. Aber mich vergißt Du doch nicht, was die Zeit auch daran ändern mag; wenn der eine Haken bricht, so hält der andre: Dein Mütterchen bleibe ich doch, und wenn ich auch noch vierzig Jahre lebe; nicht wahr, mein Junge? mein Schulte, mein kleines Pferdchen, – was hängen alles für Erinnerungen, die nie verlöschen können, an diesen Titeln! Schreib mir, daß Du mich lieb hast; ich habe es so lange nicht ordentlich gehört und bin so hungrig darauf, Du dummes, nichtswürdiges kleines Pferd! […]

Laßberg hat mich nach Heiligenberg geführt […] Einige Tage später fuhren wir über Friedrichshafen nach Langenargen, acht Stunden von Meersburg, dieses Mal Jenny mit. Wie habe ich da an Dich gedacht, altes Herz, wie hundertmal habe ich Dich hergewünscht! Da hättest Du erst erfahren, was ein ächt romantischer Punkt am Bodensee ist. Von so etwas habe ich durch hier noch gar nicht mal eine Idee erhalten. Denk Dir den See wenigstens dreimal so breit wie bei Meersburg, ein ordentliches Meer, so breit, daß selbst ein scharfes Auge, Laßberg z. B., von jenseits nichts erkennen kann als die Alpen, die nach ihrer ganzen Länge, sogar die Jungfrau mit, in einer durchaus neuen und pittoresken Gruppirung wie aus dem Spiegel auftauchen. […]

Lieber Himmel, warum habe ich einen so schönen Tag ohne Dich genießen müssen! Ich habe immer, immer an Dich gedacht, und je schöner es war, je betrübter wurde ich, daß Du nicht neben mir standest und ich Deine gute Hand fassen konnte und zeigen Dir – hierhin – dorthin – – Levin, Levin, Du bist ein Schlingel und hast mir meine Seele gestohlen; Gott gebe, daß Du sie gut bewahrst. Aber

Du hast mich auch lieb und denkst auch an mich an Deiner Donau, – suchst Muscheln, die wahrscheinlich nicht da sind, und hast schon Pflanzenabdrücke und zwei Steine für mich zusammen gehütet, – so ist's recht! und wären es am Ende auch simple Kiesel, so soll man immer für einander denken und schaffen, um die Liebe in sich selbst frisch zu erhalten; ich will auch für Dich zusammenscharren, geschnittene Steine, Pasten, Rococo [Muschelwerk], wie ich nur kann. Sobald man soviel zusammen hat, daß man es auf die ordinaire Post geben kann, ist es das Porto immer leicht werth, und es ist eine gar zu große Freude, das Empfangen wie das Geben. Du altes Herz, Deine Müschelchen, die Du mir hier gesucht und in den Schwefelholzkästchen gegeben hast, kann ich kaum ohne Thränen ansehn, und sie sind mir lieber wie alle die schönen seltnen Meermuscheln in meinem Glasschranke zu Rüschhaus. Adieu, Levin, behalt Dein Mütterchen lieb, stelle Dir oft vor, daß ich bei Dir wäre und Du mir Alles erzähltest und vertrautest, wie da wir zusammen waren; bitte, denk das oft, so wird in Deinem Herzen nie eine Falte gegen mich kommen; ich will Dir auch immer Alles sagen. Adieu, lieb Herz.

❦

Die provinzielle Enge des westfälischen katholischen Landadels, aus dem sie stammte, schnitt ihr fast die Luft zum Atmen ab. 1797 war Annette von Droste-Hülshoff auf dem Wasserschloss Hülshoff in der Nähe von Münster geboren worden. Hauslehrer förderten ihre zahlreichen Begabungen, sie lernte Singen, Klavierspielen, Komponieren, mehrere Fremdsprachen und interessierte sich für Naturkunde. Schon als Kind fing sie an zu schreiben und führte Theaterstücke im Familienkreis auf – bis die sittenstrenge Mutter ihr derlei verbot. Fortan setzte Annette von Droste-Hülshoff alles daran, dem familiären Gefängnis zu entkommen – ohne Erfolg. Die geplante Heirat mit einem protestantischen Jurastudenten scheiterte. 1826, nach dem Tod ihres Vaters, zog sie im Alter von 29 Jahren mit Mutter und Schwester in das noch einsamer gelegene Rüschhaus. Weit und breit war niemand in Sicht, mit dem sie sich über ihre große Leidenschaft, das Schreiben und die Literatur, austauschen konnte. Die Verserzählungen, die sie 1838 in einem kleinen Regionalverlag publizierte, stießen auf keine Resonanz. Doch noch im selben Jahr findet sie Anschluss an eine Gesellschaft angehender Schriftsteller, die sich einmal die Woche in Münster treffen, um über ihre Arbeit zu sprechen. Zu den Teilnehmern gehört auch der junge Jurist, Autor und Literaturkritiker Levin Schücking.

Die Freundschaft zu dem 17 Jahre jüngeren Sohn einer verstorbenen Freundin eröffnet Annette von Droste-Hülshoff eine neue Welt. Endlich stößt sie mit ihrer schriftstellerischen Tätigkeit auf Zuspruch. Levin Schücking wird ihr Gesprächspartner, Lektor und Kritiker und schließlich auch ihr Literaturagent. Ihre glücklichste und produktivste Zeit erleben die beiden auf der Meersburg am Bodensee, am Wohnsitz von Drostes Schwester und Schwager, Jenny und Joseph von Laßberg. Die Dichterin findet hier Aufnahme – und auch Levin Schücking, der für ein halbes Jahr angestellt wird, um die Bibliothek des Hauses zu ordnen. Getragen vom Zuspruch des Freundes schreibt Droste Gedichte in rascher Folge. Ihre großen Balladen entstehen, darunter »Der Knabe im Moor«, und sie vollendet den Roman, der sie berühmt machen sollte: *Die Judenbuche.* Levin Schücking wird das Manuskript an den renommierten Cotta-Verlag in Stuttgart vermitteln. Dass das Verhältnis zu Levin für Annette weit mehr war als eine Arbeitsfreundschaft, zeigen die rauschhaft-ausgelassenen Briefe, die sie ihrem »Schlingel«, »Müschelchen« und »kleinen Pferdchen« schreibt: »Mein Talent steigt und stirbt mit Deiner Liebe; was ich werde, werde ich durch Dich und um Deinetwillen«, heißt es in dem hier wiedergegebenen Brief an den abgereisten Gefährten. Auch Levin Schücking muss das gespürt haben, er beginnt sich Annettes Überschwang der Gefühle zu entziehen. Ein Jahr nachdem er die Meersburg verließ, heiratet er die Schriftstellerin Louise von Gall – erst mehrere Wochen nach der Hochzeit erzählt er Annette davon.

Ohne die Nähe des geliebten Freundes leidet die Schaffenskraft der Dichterin, der einsetzende literarische Erfolg kann das verlorene Gegenüber nicht aufwiegen. Als Levin Schücking 1846 den Roman *Die Ritterbürtigen* veröffentlicht, in dem er seine Dichterfreundin in wenig schmeichelhafter Weise als Stiftsdame Allgunde Gräfin von Quernheim karikiert, bricht Droste den Kontakt ab. Wehmütige Verse künden vom unwiederbringlichen Verlust. »Tote Liebe, tote Lust, tote Zeit / All die Schätze, im Schutt verwühlt / Sich berühren mit schüchternem Klang / Gleich den Glöckchen vom Winde umspielt«, heißt es in Drostes Gedicht »Im Grase«. Es endet mit den Zeilen: »Jeder warmen Hand meinen Druck / Und für jedes Glück meinen Traum.«

Der Zug holperte durch die Nacht und ich dachte an Dich

Isadora Duncan an Gordon Craig

Grand Hôtel d'Europe
Sankt Petersburg, Rue Michel

Heute angekommen
Weihnachtsmorgen
Hier ist der 12. Dezember [1904]

Mein Liebling –

Es gefällt mir überhaupt *nicht. All diese Stühle starren mich an, daß mir ganz unheimlich zumute ist – Auch die Dame auf dem Kaminsims macht keinen Hehl aus ihrer Verachtung, die sie für mich empfindet – & mir ist angst und bange –*

Das ist kein Platz für eine Frohnatur wie mich – das erinnert mich an die Empfangszimmer in manchen Romanen, wo Verschwörer ihre Komplotte schmieden –

Statt geschwind dahinzufliegen, holperte der Zug rattatam, rattatam durch die Nacht, durch große Schneefelder – weite, verschneite Täler – große, schneebedeckte Einöden (Walt Whitman läßt grüßen) im Schein des Mondes – & vor dem Fenster ein goldener Funkenschauer – von der Lokomotive – es war ein faszinierender Anblick, und ich schaute mir das alles im Liegen an & dachte an Dich – an Dich, mein liebster, süßer Liebling –

In der Stadt liegt Schnee & kleine Schlitten sausen kreuz und quer herum – Hier wird natürlich alles auf Kufen transportiert. Ich habe Dir von unterwegs viele kleine Nachrichten geschickt – Hoffentlich sind sie angekommen –

Jetzt muß ich mir den Ruß abwaschen & frühstücken.

Ich muß schon sagen, eine feine Art, Weihnachten zu feiern – Sie haben mich vorerst in der Großen Hochzeitssuite einquartiert, wo zu bleiben ich mich aber hartnäckig weigerte – Diese Räume sind in sehr dunklem Dunkelgrün gehalten. Ein geradezu erschreckend idealer Ort, um einer latent vorhandenen selbstmörderischen Neigung nachzugeben.

Liebevolle Grüße an meine geliebte Nr. 11 – und an das nette muffige geliebte Zuhause Nr. 6. Und zu Dir, mein Geliebter, ist mein Herz erfüllt von einer Liebe der unoriginellsten, altmodischsten Art.

Schreibe mir –
und sag mir alles –
ich geh mich jetzt frisch machen.
Deine
Isadora

❦

Berlin, Mitte Dezember 1904. Am Rand der leeren Bühne ein einsamer Flügel. Der Pianist beginnt mit einer Etüde Chopins. Nach einigen Takten öffnet sich der blaue Vorhang, und hervor tritt Isadora Duncan, barfuß und mit einer römischen Tunika um den Körper. Einige Augenblicke verharrt sie reglos mitten auf der Bühne, dann beginnt sie zu tanzen. In der ersten Reihe sitzt der englische Schauspieler, Regisseur und Bühnenbildner Gordon Graig. Er ist hingerissen. Gleich nach der Vorstellung eilt er in ihre Garderobe, um ihr seine Verehrung entgegenzubringen. Sie habe an jenem Abend während ihres Auftritts eine geheimnisvolle Energie gespürt, schreibt Isadora Duncan später in ihren

Memoiren. Und als sie den charmanten, gut aussehenden Engländer in der Tür ihrer Garderobe habe stehen sehen, sei ihr klar geworden, woher diese Energie kam. Gordon Craig bekommt kein Wort heraus, als er Isadora in die Augen blickt. Eine Zeit lang herrscht absolute Stille, von fern ist noch der Applaus aus dem Zuschauerraum zu hören. Dann schlüpft Isadora wortlos in ihre Schuhe und wirft sich den Mantel um. Zusammen verlassen sie das Theater und mischen sich unter die Menge auf der verschneiten, weihnachtlich erleuchteten Straße.

Noch in derselben Woche verbringen die beiden ihre »Hochzeitsnacht« in Gordons Atelier in Berlin-Charlottenburg, Siegmundshof 11. Vier Tage und Nächte sind sie beisammen, ohne sich auch nur einen Augenblick zu trennen – abwechselnd in Haus Nummer 11 und in Gordons Apartment gleich nebenan, Haus Nummer 6. Am 23. Dezember 1904 bricht Isadora dann zu einer Tanztournee nach Sankt Petersburg auf. Von dort aus schreibt sie Gordon den hier wiedergegebenen Weihnachtsbrief. Auch wenn sie einander sehnsüchtige Liebesbriefe schreiben, in Liebesdingen denken die beiden durchaus verschieden. Während Isadora eigenen Bekundungen zufolge erst eine einzige ernsthafte Affäre in ihrem Leben hatte, eilt Gordon der Ruf des Herzensbrechers voraus: Er ist bereits Vater von sieben Kindern, die von drei verschiedenen Frauen stammen. In sein Tagebuch schreibt er nach den ersten gemeinsamen Wochen mit Isadora: »Ist das Liebe? Ich weiß es nicht. Wir lieben es, zusammenzusein.« Die erste Zeit der Beziehung verläuft unbeschwert: Gordon begleitet Isadora auf den Tourneen, und sie unterstützt Gordon bei dem Plan seines »Übermarionettentheaters« – eines Theaters, bei dem übermenschengroße Figuren die Schauspieler ersetzen sollen. Im September 1906 bringt Isadora die gemeinsame Tochter Deirdre zur Welt, doch ein Jahr später trennen sich die Wege des Paares. Isadora lernt den Nähmaschinenerben Paris Singer kennen, von dem sie ebenfalls ein Kind bekommt.

Was folgt, ist eine albtraumhafte Serie von Unglücksfällen: Ihr späterer Mann, der russische Dichter Sergej Jessenin, schnitt sich die Pulsadern auf – in ebenjenem Hotel in Sankt Petersburg, in dem Isadora 1904 Weihnachten verbracht hatte. Ihre beiden Kinder starben in Paris bei einem Autounfall, als der Chauffeur wegen einer Panne den Wagen verließ und dabei vergaß, die Handbremse anzuziehen; das führerlose Auto stürzte in die Seine, die beiden Kinder auf dem Rücksitz ertranken. Isadora Duncan selbst starb am 14. September 1927 in Nizza – erdrosselt durch ihren eigenen Schal, der sich beim Anfahren des Wagens in die Felge des Hinterrades geschlungen hatte.

Ich möchte jung und arm sein, mit Dir und unverheiratet

Martha Gellhorn an Ernest Hemingway

[Kuba,] 28. Juni 1943

Meine liebste Laus;

Wie ich mich nach Dir sehne. Meine Katzen sind sehr lieb zu mir, aber glücklicher- oder unglücklicherweise können sie weder lesen noch sprechen. Ich sage zu ihnen: Es ist ein gutes Buch; und sie fegen wie nichts über den Tisch und tollen mit dem Kabel herum, und Friendless setzt sich mit ihrer Schnurrmaschine kurz auf meinen Schoß.

Alicia, die das Tippen übernommen hat, amüsiert mich. Sie ist mit Sicherheit die einzelligste Frau, mit der ich je zu tun hatte. Heute sagte sie zu mir: »Martha, ich hasse *Männer.« Und das glaube ich ihr: so wie die Arbeit das Kapital haßt. Sie findet meine Bücher »fesselnd«; ihr gefallen Marcs »Reaktionen«. Wie eigenartig das alles ist; wie eigenartig das Leben ist. Wer hätte je gedacht, daß ich, die mit dem Traum vom Schreiben auszog (und dieser Traum hat sich zumindest nie geändert), in einem* maison de passe *neben der Madeleine gewohnt hat und, so romantisch und verlegen, statt Frühstück einen Strauß Veilchen als Schmuck für die Jobsuche kaufte, in dieser vollkommenen, geborgenen Pracht landen und mein fünftes Buch beenden würde. Aber ach! Ich will nicht älter werden; nicht einmal, wenn ich dann viel besser schreibe, mehr weiß und ein beneidenswertes Leben führe statt des ziemlich schäbigen, unsicheren, das nur durch meinen Habitus aufgewertet wird. Ich will überhaupt nicht älter werden. Ich will es so wenig, daß ich jetzt, auf der Stelle, das erbärmliche erste Buch gegen dieses vielleicht hervorragende fünfte Buch eintauschen würde: um, inbegriffen in den Tausch, die Angst, die Überraschung und die Hoffnung der Zwanziger zurückzubekommen.*

Vom Verstreichen der Zeit hat man im Grunde nichts. Und ich war nicht schön, als ich jung war, keiner hat es behauptet, und ich fand es auch nicht; und es war weiß Gott eine Plackerei. Heute habe ich so viel, daß es mich erschreckt: üppigste Segnungen. Aber was ich weiß, gefällt mir eigentlich nicht; Weisheit und Erfahrung können mir im Grunde gestohlen bleiben. Ich würde lieber glauben, mich windelweich prügeln und ein bißchen weiterglauben. Ich mag die etablierte, wohlbewehrte Frau nicht, die ich geworden bin. Das laute plärrende zerzauste naive unbesonnene mißratene Mädchen war ein besserer Mensch.

Ich wünschte, wir könnten das alles auf der Stelle anhalten, Prestige, Besitz, Rang, Wissen, Sieg: und daß wir beide durch ein Wunder wieder unter dem Friedensbogen in Mailand stünden, Du so fesch in Deinem Motorradbeiwagen, und ich, schlecht angezogen, grimmig, liebend, auf der Straße darauf wartend, daß Du fotografiert wirst. Mein Gott, wie ich mir das wünsche. Ich würde das letzte bißchen, das ich jetzt besitze, dafür hergeben, mit Dir wieder jung und arm zu sein, so arm, wie man nur sein konnte, und die Tage mühsam, aber immer in diesem Glanz, der von der Unsicherheit herrührt, vom Hoffen, ja vom Glauben an genau die Dinge, die wir jetzt haben. Ach Mist. Ich bin ein Dummkopf.

Wo war ich? Ich habe inzwischen zu Abend gegessen. Abends schreibe ich die besten Briefe und die schlechtesten Bücher. Aber vielleicht findest Du das ja gar nicht? Vielleicht sind Dir, verständlicherweise, die Morgenbriefe lieber, das fröhlich Vertraute. Ich bin nicht fröhlich, ich war nie fröhlich, das ist mir nun mal nicht gegeben. Aber viel Übung und viel Furcht haben mich gelehrt, mich zu verstecken, daher wirke ich fast so schön selbstvergessen wie alle anderen. Nur daß es nicht stimmt und ich Selbstvergessenheit verabscheue: Ich will ein intensives Leben, egal, ob gut oder schlecht, aber intensiv soll es sein. Ich will es spüren, jede Minute.

Die Ehe ist etwas Besonderes, weil sie überall, immer schon, in der Natur vorkommt, und weil sie eher ein Instinkt ist als irgend etwas anderes, muß sie gut sein. Aber sie verroht auch. Du bist so oft und so lange verheiratet gewesen, ich glaube im Grunde nicht, daß sie Dich wirklich erreicht. Das ist Deine Stärke. Es wäre auch schrecklich, denn was Du bist, ist so viel wichtiger als die Frauen, mit denen Du zufällig verheiratet bist, und ganz gewiß wichtiger als dieser institutionalisierte Instinkt. Aber es ist ein komischer Vorgang. Man ist geborgen: Zwei Menschen leben zusammen und wissen, sie sind zu bestimmten Zeiten zusammen in irgendwelchen vier Wänden. Und nach und nach werden sie füreinander der gemeinsame Nenner: Sie kommen wortlos überein, Visionen und Leidenschaft und das komplizierte persönliche Zeug fahrenzulassen: Sie finden eine gemeinsame Grundlage, die grün ist und weich, und auf der bleiben sie. Dabei können sie ziemlich schrullige, feurige Zeitgenossen sein: wie all die schönen Sagengestalten; Ikarus und Prometheus und Leda und so weiter. Aber sie sind zwei Menschen, die beschlossen haben, alle Kanten abzuschleifen, die Stimme zu senken und zu leben. In diesem Moment ihrer Zweisamkeit können sie so wild und so frei sein, wie sie wirklich sind; wie sie innen sind, wo sie nie von einer organisierten Gesellschaft gehört haben und der heiteren, rücksichtsvollen, praktischen Institution der Ehe.

Ich möchte jung und arm sein, in Mailand, mit Dir und unverheiratet. Ich glaube, auf gewisse Weise wollte ich mich immer wie eine Frau fühlen, und am nächsten kam ich dem im ersten Winter in Madrid. Mit diesem Gefühl verbindet sich eine Blindheit, eine Inbrunst, eine Sorglosigkeit, die man sich immer wünschen muß. Ich mag nicht so weise und so vorsichtig sein, so zuverlässig, so denaturiert, so imstande weiterzumachen. Der Grund, weshalb ich in Kriegen immer am glücklichsten bin (abgesehen davon, daß ich nie getroffen wurde), ist vielleicht, daß der Krieg der allergrößte Wahnwitz ist und den Beteiligten gestattet, das gesamte solide Rüstzeug über Bord zu werfen und selber wahnwitzig zu sein. Wenn das Wahnwitz ist? Hängt wohl von den Werten ab.

Ich möchte beinahe zwanzig Dollar darauf wetten, daß dieser Brief Dich ärgert, meine Laus. Oder? Was will die bloß, wirst Du sagen, daß sie hier klagt und vergangenen Zeiten, Orten und Leben nachweint? Was ist nur los mit diesem Weibsstück: Habe ich nicht schon genug Probleme, auch ohne sie? Aber ich bin kein Problem, Laus, denk das ja nicht. Ich bin kein Problem. Ich habe ein Hirn in meinem knochigen Schädel, wie alle, und um das geht es mir. Ich schreibe Dir nur, was ich heute abend fühle oder denke, weil warum nicht: Wir können nicht so verheiratet sein, daß wir nicht unsere Meinung sagen dürfen.

Marty

»Ich liebte immer nur die Welt der Männer!«, sagte Martha Gellhorn, auf ihr langes Leben zurückblickend. Sie war eine unerschrockene Frau, in der von Männern dominierten Welt der Kriegsreporter fühlte sie sich wohl. Sie berichtete von den Fronten des Spanischen Bürgerkriegs, vom Zweiten

Vergnügen in der Männerwelt: Martha Gellhorn und Ernest Hemingway mit ihrer Jagdbeute, während eines Urlaubs in Sun Valley, Idaho, im Herbst 1940.

Weltkrieg und der Befreiung des Konzentrationslagers Dachau, vom Sechstagekrieg im Nahen Osten und vom Vietnamkrieg. Am Anfang ihrer Karriere stand eine Begegnung in Key West im sonnigen Florida, wo Martha Gellhorn 1936 mit ihrer Mutter und ihrem Bruder die Weihnachtstage verbrachte. An »Sloppy Joe's« Bar sah sie einen großen schmuddeligen Kerl in verdreckten Shorts und T-Shirt stehen. Sie erkannte ihn sofort: Es war der berühmte Schriftsteller Ernest Hemingway, bereits damals die Nummer eins der amerikanischen Literaturszene, im Nebenberuf Abenteurer, Hochseefischer und Großwildjäger. Sie war damals achtundzwanzig, er neun Jahre älter und bereits in zweiter Ehe verheiratet. Hemingway war gerade auf dem Sprung nach Europa, um als Korrespondent vom Spanischen Bürgerkrieg zu berichten, und bot ihr an, mit ihm zu kommen. Martha Gellhorn musste nicht lange überlegen, sie zog »mit den Jungs«.

Im »Hotel Florida«, dem Stützpunkt für die zahlreichen ausländischen Journalisten in Madrid, mietet Hemingway zwei Zimmer für sich und Martha. Hier entsteht Martha Gellhorns erste Kriegsreportage: »Nur die Granaten heulen«. Zurück in den USA, heiraten die beiden im November 1940 in Wyoming, doch der Ehe ist keine lange Dauer beschieden. Martha denkt nicht daran, Hemingway zuliebe ihre Karriere zurückzustellen: Fast ohne Pause ist sie auf Reisen – in China und in der Karibik, und auf keinen Fall will sie den »D-Day«, den Tag der Landung der alliierten Truppen in Europa, verpassen. »Bist Du Kriegsreporter oder Ehefrau in meinem Bett?«, fragt Hemingway sie entnervt. Beides schien für ihn nicht vereinbar. Das Ende des Zweiten Weltkriegs war auch das Ende der kurzen Ehe zwischen Martha Gellhorn und Ernest Hemingway. Schon 1946 heiratet Hemingway erneut. Mit Mary Welsh lebte er bis zu seinem Tod. Und Martha Gellhorn stieg zur gefeierten Reporterin und Schriftstellerin auf. Die Zeitungen und Zeitschriften rissen sich um ihre Reportagen und zahlten exorbitante Honorare.

Wenn Du noch ein Mensch bist, schreibe mir gleich

Rahel Levin an Karl Graf von Finckenstein

Berlin, den 8. Januar 1799

Wie ist Dir, lieber Karl? Da Schweigen tausend anderem Schweigen so ähnlich ist, als sich die Worte sind, die nichts von dem ausdrücken, was in mir vorgeht, so will ich wieder reden. Ich will Dich bloß fragen, wie es Dir möglich ist, mir nicht mehr zu schreiben (kennst Du den Unterschied nicht, daß es gar nichts wäre, wenn ich Dir *nicht geschrieben hätte? Du bist überhaupt der handelnde Theil; Du bist* angebetet *–). Meine Existenz kannst Du nicht vergessen haben; aber wie ich bin! – Warum bist Du denn so verstockt?* Das *schriebst Du mir in so vielen leeren, düstern Monaten – oder erinnerst Du Dich nicht, daß sie* für mich *so sind? Weißt Du, ich kann mir gar den Eindruck nicht denken, den dieser Brief auf Dich machen mag: denn ich glaubte nicht, daß Du Dich so von mir entfernen könntest, und da ich einmal falsch glaubte, nun weiß ich nichts mehr. Ich führe hier ein schönes Amt; ich schreibe eigentlich einen desolierten Liebesbrief; das war mir nur noch übrig gelassen! Aber sei ruhig, ich schreib ihn nur mir, nicht Dir. Ich zeig' Dir nur, was ich leide: was einem einmal besorgten Weibe (*Du *weißt, ob ich kleinmüthig, mißtrauisch, gewöhnlich, weibisch-weiblich bin) durch die Seele gehen muß (ach nein, glaub es nicht, ich zeig' es Dir nicht, das vermag keiner), was Du mich hast leiden machen, ohne daß es in Dir so war. Hättest Du bei allen Diners nicht* eine *Migraine vorschützen können,* *und mir* ein *liebendes Wort haben schreiben können, wovon ich gelebt haben würde: so starb ich. Besinne Dich einmal:* das *kannst Du nicht für mich thun? Nun was denn? Sag mir einmal, an was soll ich denken – um* nicht *zu verzweifeln. Du sprichst doch immer von Sehnsucht; ich sag' Dir, ich sterbe aus Sehnsucht, aus reiner Sehnsucht. Keine Hoffnung, kein Ruhepunkt, keine Aussicht. Weißt Du, ich wünsche Dich sogar* hier: *ich will alle diese Leiden (was ich, so wahr Gott lebt, für unmöglich hielt) noch einmal tragen, nur Dich sehen. Bist Du hier, so bist Du's nicht für mich; und wirst bald wieder weg [sein]: und dann – dann bring mich um, das ist das Einzige, was Du für mich thun kannst. Ich bitte Dich! schreib mir, ich soll so nicht mit Dir reden, sag mir kalt, Du könnest den Ton nicht leiden, weis mich von Dir: und es wird* etwas *sein; ich werde von Dir bleiben* müssen. *Tu mir etwas ganz Schlechtes.*

Wann kommst Du? Schreib es mir ungefähr; damit ich etwas denken kann. Ich werde unsinnig.

Wie geht's Dir? Wie denkst Du denn an mich? Ich kann Dir nichts schreiben, Du kennst mein Leben. Wie es war, ist es. Ich lebe gar *nicht. Genelli seh' ich auch sehr wenig. Alles was mich umgibt, will ich nicht, und was ich will, hab' ich nicht; nichts, nicht das Geringste, in nichts. Neujahr war ich auf einem Ball bei der Flies ihrem Schwager gegenüber, da macht' ich Dein Halsband um, es fand großen Beifall; mir gefällt's, und ich behandle es mit Leidenschaft, weil Du es mir geschickt hast: und ich trug es mit Stolz. Ich hab ein blaues genommen. Deine Schwestern sind noch nicht hier: Deinen Brüdern begegnete ich vor einem Monat oder dergleichen, ich kannte sie nicht, sie grüßten mich aber; sie sind sehr hübsch geworden und gewachsen. Die Opernproben sind jetzt, die hör' ich auch allein. Ach! ich hörte sie doch nicht mit Dir. Tau-*

send Engagements, Radziwills und Rücksichten hielten Dich *doch gewiß ab. Leb wohl! Wenn Du noch ein Mensch bist, schreibe mir gleich; dann werde ich Dir auch ordentlich antworten, und wir wollen uns wieder en rapport setzen. Dann schreib' ich allerhand. Schreib mir auch, ob ich Dir mit Sicherheit schreiben kann. Ich weiß recht viel: mir ist recht viel begegnet, nämlich die Menschen haben mir's erzählt. Ich stand in mancher Verbindung in und außer Berlin, das erzähl ich Dir alles mündlich. Wenn wir zusammenlebten! Du denkst wohl, es wäre für Dich nicht gut? Vague Frage! Ich weiß schon. Hier erwarten wir Goethe mit dem Herzog, von Tag zu Tag. Ich glaub' es nicht und freue mich auch nicht; ich kann ihn doch nicht aufnehmen. Im März heirathet die Flies einen Schweden, er ist Kapitain und Baron, blond; sie halten ihn für hübsch; er ist jung und nicht übel, tanzt sehr schön, ist fleißig, geht in* alle *Societäten, vom Hof an; sie werden in Stralsund wohnen. Am Ende werde ich auch meine Figuranten los und bin* ganz *allein in Berlin. Jettchen Mendelssohn geht im Frühling nach Wien, und Marianne Meyer geht auch weg. Es kommt Hanne; sie rieth, an wen ich schrieb, und grüßt; manchmal spricht sie mit Inspiration von Dir. »Ob er nicht bald wiederkommt«, hat sie mit Gewalt selbst schreiben wollen. Adieu! Leb wohl, geliebter Karl! Denk doch einmal deutlich an mich. Dann wirst Du mir wenigstens schreiben. Adieu! O! Lieber K., was soll ich im langen Leben denken und thun? Ich liebe Dich mehr als jemals, und so wird's immer sein.*

An was muß ich alles denken! Alles *fällt mir ein. Und die Sehnsucht! – So erwarten Dich Deine* Lieben *nicht. Nur ich, nur ich.*

Es war Rahel Levins erste große Liebe. Sie begegneten sich im Winter 1795/96 in der Berliner Staatsoper Unter den Linden, damals Königliche Hofoper. Gespielt wurde eines der gängigen italienischen Stücke, sie hatten die Logen direkt nebeneinander. Karl Graf von Finckenstein – 25 Jahre alt, blond und gut aussehend – entstammte einem einflussreichen Adelsgeschlecht. Sein Urgroßvater war Erzieher der späteren Könige Friedrich Wilhelm I. und Friedrich II., der Großvater preußischer Kabinettsminister. Karl selbst war eine Diplomatenkarriere bestimmt, gerade hatte er eine Stellung im Staatsministerium angetreten. Die 25-jährige Rahel, Tochter des Bankiers Markus Levin und jüdischer Herkunft, hatte vor Kurzem damit begonnen, die Türen ihres Salons in der Jägerstraße für die Berliner Gesellschaft zu öffnen. Und alle kamen sie – Diplomaten, Beamte, Künstler und Literaten, die Berühmtheiten ihrer Zeit: die Brüder Humboldt, Friedrich Schlegel und Ludwig Tieck. Hier ging es zwanglos und unkonventionell zu, und vor allem niemals langweilig. Auch Karl Graf von Finckenstein, den Rahel an jenem Abend in der Oper in die Jägerstraße einlud, kam. Kurz nach seiner Einführung in den Salon beginnt die Liebesgeschichte der beiden. Die Liebe beruht auf Gegenseitigkeit, doch wird sie geheim gehalten. Eine Legitimation der Beziehung kommt für Karl nicht infrage – eine unstandesgemäße Ehe, noch dazu mit einer Jüdin, würde seine Familie niemals akzeptieren. Dass Karl sie einer Heirat nicht für würdig hält, trifft Rahel schwer. Sie leidet darunter, dass es ein gemeinsames Leben jenseits des Levinschen Hauses nicht geben soll und Karl sich die meiste Zeit fern von Berlin aufhält. Nach langen quälenden Jahren entschließt sich Rahel Ende 1799, das Verhältnis zu lösen.

Zwölf Jahre später sehen sie sich wieder. Rahel hat inzwischen ihren späteren Mann Karl August Varnhagen von Ense kennengelernt, und Karl Graf von Finckenstein hat in

Wien geheiratet. Rahel schreibt über die Begegnung in ihrem Tagebuch: »Er sagte mir mit einem Male: ›Ich wünschte sehr, dass Sie meine Frau sähen, wie sie Ihnen gefällt.‹ Meine ganze Seele war so empört, so in Aufruhr, mein Herz so affiziert, als vor zwölf Jahren. ›Dein Mörder!‹ dacht' ich, und blieb sitzen. Tränen kamen mir in den Hals und zu den Augen, dass ich ihn ganz ruhig, ganz beruhigt über mich, sitzen sah. Wie eine ihm zugestandene Kreatur fühlte ich mich, er hat mich verzehren dürfen. Er, mich! – Ich kann es ihm nicht verzeihen! – Wenn ich nicht ein ganz neues Herz kriege, mit diesem nie.«

Weil ich Dich eben doch über die Maßen liebe

Erika Mann an Pamela Wedekind

Friedrichs[hafen], Juli 1926

Viele, viele Grüße, meine (geliebte Göttin) von der Ehefrau. Und, noch einmal, den schönsten Dank für das Sphäreninstrument, über das ich halb toll vor Freude bin. – Ja, Pamela, es war schon *ein großer Schreck! Wie so der Herr auf dem Standesamt noch ganz freundlich »Fräulein Mann« zu mir sagte, als er uns ermahnte, doch lieber richtig herum den Tatort zu betreten – G. G. links und ich rechts (wir hatten es natürlich falsch gemacht!) und dann plötzlich herrschte er mich an »jetzt unterschreiben Sie, Frau Gründgens!« Ein* großer *Schreck war es schon! Aber dann gings ja alles ganz gut. In Feldafing aß sichs zu Mittag und das Abendfest war sogar recht lieb. Eine feinrührende Rede hielt der Zauberer – (sprach sogar von Deinem Astralleibe, den er neben Kläuschen sitzen sähe!), Kläuschen Pringsheim flirtete mit Gustaf, welcher den Vernünftigen in sich den Anwesenden zeigte und Tilly war ein süßer Gast (schenkte mir auch Deines Vaters Werke, zu meiner hellen Freude!). – Und jetzt sind wir einfach im Kurgartenhotel, wo groß und klein uns frivol behandeln muß, da niemand und der Klügste nicht, den Ehestand uns glauben* kann. *Aber daß wir (Du und ich!) in der Kurliste des vorigen Monats stehen – ich als Schauspielerin und Du als Herr Wedekind aus München, ist mir lieb. – Meine Pamela,* bitte, bitte *komm bald. So schrecklich gern möchte ich es, weil ich Dich eben doch über die Maßen liebe. Schau, das Kläuschen kommt wohl am Sonntag oder Montag. Willst Du nicht mit ihm reisen? – G. G. sprach ich schon davon und auch er sähe Dich gern und würde das Beisammensein begrüßen.*

Alles Zärtliche

E.

❦

Erika Mann war ein Filou, der »Kobold« der berühmten Familie: stets zu Streichen aufgelegt, sehr begabt in der komödiantischen Nachahmung anderer Leute, schön, selbstbewusst, intelligent und belesen. Sie steht als Schauspielerin auf der Bühne, inszeniert und spielt Kabarett, reist für Reportagen oder Vortragsreisen durch die Welt, verfasst politische und literarische Essays, schreibt Kinderbücher und fährt Autorennen. Wen wundert's, dass Männer wie Frauen für sie schwärmten. Doch sie selbst legt in Liebesdingen eine merkwürdige Zurückhaltung an den Tag. Wenig lässt sie über ihr Gefühlsleben verlauten, und ihre – ehelichen wie nichtehelichen – Beziehungen bleiben kurz. Auf symbiotische Weise verbunden fühlt sie sich vor allem dem »Zauberer«, ihrem Vater Thomas Mann, und ihrem Bruder Klaus. In ihrer Kindheit und Jugend sind Klaus und Erika, die beiden ältesten Kinder der Manns, »ein spaßhaftes Doppelwesen«, wie Klaus selbst es beschreibt, »ein drollig-impressives Wunderkind mit zwei Köpfen, vier Beinen und einem Hirn voller europäischer Capricen und ausgefallenem Wissen«. Dass sie oft für Zwillinge gehalten werden, amüsiert sie.

Das Doppelwesen war nur gemeinsam zu haben, auch für Pamela Wedekind. Selbst Tochter eines berühmten Dichters – Frank Wedekind –, erschien sie den beiden Geschwistern als Seelenverwandte. Aus ihrer ersten Begegnung im Hause von Klaus und Erikas Onkel Heinrich Mann entspinnt sich eine intensive Freundschaft, in der die Grenzen zu einer Liebesbeziehung fließend sind. Klaus liebt Pamela, und Erika liebt sie auch. Noch nicht einmal volljährig, verloben sich Klaus und Pamela, sehr zum Unmut ihrer Eltern. Im Herbst 1924, nur wenige Monate nach ihrem Kennenlernen, ziehen sie alle drei nach Berlin. Inspiriert durch die vibrierende Ménage-à-trois verfasst Klaus Mann *Anja und Esther*, ein Bühnenstück, dessen Rollen er sich selbst, seiner Schwester und seiner Verlobten auf den Leib schreibt. Ein Vierter kommt ins Spiel: der Schauspieler Gustaf Gründgens, der findet, die drei sollten die Hauptrollen selbst übernehmen. Und so stehen bei der Münchner Uraufführung des Stückes im Oktober 1925 neben Gustaf Gründgens auch Pamela Wedekind und Erika und Klaus Mann auf der Bühne. »Dichterkinder spielen Theater«, titelt die *Berliner Illustrierte.* Das zog die Aufmerksamkeit des Publikums auf sich, aber nicht deshalb geriet die Aufführung zu einer kleinen Sensation, sondern der lesbischen Beziehung wegen, die zwischen Anja und Esther angedeutet wird.

Klaus, der sich im selben Jahr öffentlich zu seiner Homosexualität bekannte, will nun Pamela heiraten, aber die verhält sich zögerlich. Dafür heiratet Erika: den Vierten im Bunde, Gustaf Gründgens. »Die Ehe ist der dramatische Wunsch, eine Einsamkeit zu überwinden, von der wir wissen, dass sie endgültig ist«, schreibt Klaus Mann und bleibt allein zurück. Doch nur kurz, im Oktober 1927 ist Erika bereits wieder frei für den Bruder und geht mit ihm auf Weltreise. Durch eine Zeitungsannonce erfahren sie unterwegs von der Eheschließung zwischen Pamela Wedekind und dem viel älteren Dichter Carl Sternheim. Beiden erschien dies als Verrat an ihrem Dreierbund. Pamelas Bemühungen, die Freundschaft fortzusetzen, stoßen auf taube Ohren. Das Verhältnis bleibt abgekühlt. »Pamela, Erika und ich«, schreibt Klaus Mann später, »dieses Bündnis, das uns so lange unzerstörbar schien, war vielleicht die schönste und aussichtsreichste Konstellation in unserem Leben.«

Mon amour, sei stark für uns beide, ich brauche das

Édith Piaf an Marcel Cerdan

Brief N° 1
Paris, Freitag den 20. Mai 1949

Mein Liebster,

weißt du, wie das ist … ein Haus ohne Dich? Nun, es ist grausam, und schon im Moment Deiner Abreise fühle ich mich immer schrecklich mutlos. O Chéri, ich frage mich jedesmal, wie ich weiterleben soll, wenn du nicht da bist … Aber ich lebe ja gar nicht, das ist das Grausame, ein Leben ohne Leben, voilà. Gestern abend, mon amour, konnte ich Dir nicht schreiben, mein Brief hätte Dir nur weh getan. Ich war so niedergeschlagen und gleichzeitig aufgebracht, alle Welt sollte genauso leiden wie ich. Und Du, mein Kleiner, mein Junge, mein geliebter Liebling? Wie habe ich gelitten, als das Flugzeug alles davontrug: mein Herz, meinen Verstand, meinen Atem – ich hätte schreien können vor Schmerz.

Wie war Deine Reise? Bist Du auch nicht zu müde? Arbeite schön, Liebster, damit all diese Opfer nicht völlig umsonst sind. Wie gefällt Dir New York? Vergiß nicht, Deine Briefe zu numerieren, damit wir wissen, ob alles ankommt. Und grüß Deinen Bruder und Jo [Marcels Manager Jo Longman] von mir! War das ein Heimkommen gestern abend! Jacqueline [Longmans Verlobte] und ich konnten kaum ein Wort miteinander wechseln, es herrschte tödliches Schweigen, und ich wollte nur noch eines, die Augen schließen und davonschweben mit

Dir, mit Dir, mit Dir! Es ist schon komisch, ich bin ganz ohne Antrieb, ohne Ideen, ohne alles, wie jemand, der nur darauf wartet, dass etwas geschieht. Da, wo mein Herz ist, sind nur Angst und Kummer. Ach, mein Kleiner, mein lieber Kleiner, wie ich Dich liebe – es ist närrisch und beängstigend. Eigentlich hätte ich heute proben sollen, aber mir fehlt die Kraft dazu. Ich ziehe es vor, allein zu sein. Ich habe alles abgesagt, weil die Leute reden und mich daran hindern, bei Dir zu sein. Vielleicht geht es nächste Woche besser. Aber im Moment will ich niemanden von etwas anderem reden hören als von Dir.

Bis morgen, mon amour. Sei stark für uns beide, ich brauche das. Ich liebe Dich maßlos, unsäglich, wahnsinnig – ich kann nichts dagegen tun. Es ist Deine Schuld, Du bist wunderbar. Nimm mich in Gedanken in Deine Arme und denke daran, daß Du das einzige bist, was mir auf dieser Welt etwas bedeutet!

Er sollte stark sein für zwei, und er war ja stark! Der »Junge«, der »Kleine«, dem Édith Piafs Liebe galt, war Profiboxer und Weltmeister im Mittelgewicht. Marcel Cerdan war von ganz anderem Format als Édith, der zarte Spatz von Paris, aber nur äußerlich. Sie waren beide zähe Kämpfer – im Ring und auf der Bühne, im Leben überhaupt. Sie wussten um den schmalen Grat zwischen ganz oben und ganz unten. Viele Jahre hatte sich Édith als Straßensängerin durchgeschlagen, bevor sie 1935 von einem Revuebetreiber entdeckt und auf die Bühne geholt wurde. Bei Marcel Cerdan fand sie das, was ihr immer gefehlt hatte: Halt und Geborgenheit. Er war ihre große Liebe. Im Sommer 1946 sah er sie das erste Mal auf der Bühne, im Frühjahr 1948 sah sie ihn das erste Mal im Ring. Sie wurden ein Paar und

Édith Piaf und Marcel Cerdan am 17. März 1948 bei ihrer Ankunft auf dem Pariser Flughafen Orly.

unzertrennlich. Sie lebte nur noch für ihn, er nur noch für sie. So oft sie konnten, versuchten sie ihre Tourneen und Wettkämpfe zu koordinieren, zusammen zu reisen oder sich wenigstens irgendwo auf der Welt zu treffen, um ein paar gemeinsame Tage zu verbringen. Wie sehr sie beide unter den unvermeidlichen Trennungen litten, zeigen ihre sehnsuchtsvollen Briefe. »Ich liebe Dich, Chérie, wie ein kompletter Narr«, schreibt Marcel ihr als Antwort auf den hier wiedergegebenen Brief. »Ich habe mich so daran gewöhnt, daß Du immer um mich bist, und nie hätte ich gedacht, daß Du eines Tages fortgehen könntest.« Im Oktober 1949 ist er es, der für immer fortgeht. Auf dem Weg zu seiner Geliebten kommt Marcel Cerdan mit nur 33 Jahren bei einem Flugzeugunglück ums Leben. Das Flugzeug raubte Édith Piaf den Geliebten, nahm ihr »Herz, Verstand und Atem«.

Am Abend seines Todes singt sie Marcel ein letztes verzweifeltes Liebeslied und bricht auf offener Bühne zusammen. Doch das Singen war stets das, was die Piaf am Leben hielt und ihr die Kraft gab, mit Rückschlägen und Krisen fertigzuwerden. Wer sie hört, kann sich dem Sog, dem Schmerz, der Kraft ihrer Stimme und ihrer Lieder nicht entziehen. Édith Piaf war ein gefeierter Star, doch geblieben ist ihr stets ein Fremdsein auf dieser Welt, das vielleicht nur für den kurzen Zeitraum einer Liebe zum Schweigen kam.

Ich habe dich lieb, halte mein Hauswesen in Ordnung und mache mich lustig

Christiane Vulpius an Johann Wolfgang von Goethe

[Weimar, 24. November 1798]

Ich danke dir vor das Rehebrätchen. Izo gehen bey uns die winder Freuden an und ich will mir sie durch nichts lassen verleidern. Die Weimarer dähen es gerne aber ich achte auf nichts ich habe dich lieb und gans allein lieb sorge für mein Pübgen und halte mein haußweßen in ordnug und mache mich lustig. Abes sie könn ein gar nicht in Ruhe lassen vor gestern in Commedi [in der Komödie] komd Meißel und fracht mich sonne Umstände ob es wahr währ daß du heueraths du schautes dir ja schon Kusse [Kutsche] und Pehrde an ich wurde dem auchenblick so bösse daß ich ihm ein recht Malifieses amword gab und ich bin über zeugt der fracht mich nicht wieder weil [ich] aber immer daran dencke so habe ich heude nacht da von geträumt daß wahrt ein schlimer traum dem muß ich dir wen du komst erzeälen ich habe dabey so geweind und laut geschrien daß mich Ernesdien auf geweck hat und da ward mein ganz Kopfküssen naß ich bin sehr froh daß es nur ein traum wahrt. Und dein lieber Brief macht mich wieder froh und zufrieden. Es gib Recht Gudes Eis und ich will wieder Schridschu faren und morgen wollen wir mit auf den Schliden nach Kedschau faren ich Ernesdien die Madsick und die Pufellin, und hernacht faren die Freunde nach Jena und wir nach Weimar: auf die Redude freuen wir uns ser wen du hier währs währe es freilich noch lieber aber da ich höre daß es dir mit deinen Arbeiden gud gehet daß ist beser alls Reduden Freude weil ich weis wen es dir mit deiner Arbeid gud geht du auch Recht fergnücht wieder kömst und den wollen wir ser vergnügt zusam seyn.

❦

Am 12. Juli 1788 wird der Weimarer Geheimrat Goethe bei einem Spaziergang an der Ilm von einer jungen Frau angesprochen: Sie arbeite in der Bertuch'schen Blumenfabrik als Näherin, ihr Bruder sei ohne Stellung... Ob sich der Geheime Rat wohl für ihn verwenden könne? Es ist die 23-jährige Christiane Vulpius. Goethe ist auf der Stelle gefangen genommen von der Herzlichkeit der jungen Frau mit dem apfelrunden Gesicht, den brennenden schwarzen Augen und den vollen, dunkelbraunen Locken. Noch in derselben Nacht wird sie seine Geliebte. Wenig später nimmt Goethe Christiane Vulpius in sein Haus am Frauenplan auf. Und ganz Weimar zerreißt sich den Mund über die Mesalliance des Ministers und Dichterfürsten mit dem fast sechzehn Jahre jüngeren Mädchen aus der Blumenfabrik. Christiane wird von der Gesellschaft geschnitten. Eine »Hausmamsell« und ein »Kreatürchen«, lautet das abschätzige Urteil von Goethes langjähriger Seelenfreundin Charlotte von Stein. Doch Goethe lässt sich davon nicht beirren. In Christiane Vulpius hat er die Liebe seines Lebens gefunden. »Das ist in der Welt nun einmal nicht anders«, schreibt er ihr, »keiner gönnt dem andern seine Vorzüge... Wir wollen in unserer Liebe verharren und uns immer knapper und besser einrichten, damit wir nach unserer Sinnesweise leben können, ohne uns um andre zu bekümmern.« Christianes sinnlicher Übermut spiegelt sich auch in den Briefen, die sie an Goethe schreibt, wenn dieser auf Reisen ist. »Wenn Du wiederkömmest«, heißt es in einem von ihnen, »wenn noch schönere, wenn noch schöne Tage sind, daß wir noch mannichmal im Garten am Hause schlampampsen können, da freue ich mich darauf.« Sie versorgt ihm Haus und Garten und schenkt ihm 1789 einen Sohn. Vier weitere Kinder folgen in den Jahren darauf, doch alle sterben kurz nach der Geburt. Das herzlich-innige Verhältnis des Paares hält dennoch stand.

Als am 14. Oktober 1806 Weimar von französischen Truppen besetzt wird, verteidigt Christiane mutig das Haus gegen die drohende Plünderung. Es bedurfte dieser heldenhaften Tat, damit sich Goethe – nach achtzehn Jahren wilder Ehe – endlich entschloss, Christiane offiziell zur Frau zu nehmen. Am 19. Oktober 1806 heiraten die beiden in der Sakristei der Jakobskirche in Weimar. Zehn weitere Jahre harmonischen Zusammenlebens folgen. Am 6. Juni 1816 stirbt Christiane von Goethe an den Folgen einer Nierenerkrankung. »Leere und Totenstille in und außer mir«, notiert Goethe in seinem Tagebuch. Auf Christianes Grabstein lässt er die Verse anbringen: »Du versuchst, o Sonne, vergebens, / Durch die düstren Wolken zu scheinen! / Der ganze Gewinn meines Lebens / Ist, ihren Verlust zu beweinen.«

Ich möchte wieder das heftige Pumpen in mir spüren, das rasende, glühende Blut

Anaïs Nin an Henry Miller

[Achensee, 6. August 1932]

Oh, Henry, Dein Brief heute morgen erregte mich so. Als man ihn mir gab, überwältigten mich all die künstlich aufgestauten Gefühle. Allein schon die Berührung des Briefes war, als hättest Du mich in Deine Arme genommen. Du weißt jetzt, was ich beim Lesen empfand. Du hast alles geschrieben, was mich rühren und für Dich gewinnen konnte, und ich war feucht *und bin so ungeduldig, daß ich* alles *tue, um einen Tag zu gewinnen. Die beigelegte Notiz, die ich Dir gestern abend schrieb, zwei Stunden nach dem Absenden meines Briefes, wird Dir helfen zu verstehen, was sich hier tut, Außerdem mußt Du das Telegramm fast gleichzeitig erhalten haben. Ich gehöre Dir! Wir werden eine Woche verleben, wie wir sie uns nie erträumt haben. »Das Thermometer wird platzen.« Ich möchte wieder das heftige Pumpen in mir spüren, das rasende, glühende Blut, den langsamen, liebkosenden Rhythmus und das plötzliche heftige Stoßen, die Raserei in den Pausen, in denen ich Regentropfengeräusche höre … wie es in meinen Mund schießt. Henry. Oh, Henry, ich kann es nicht ertragen, Dir zu schreiben – mich verlangt verzweifelt nach Dir, ich möchte die Beine weit öffnen, ich schmelze und zucke. Ich möchte mit Dir so wilde Dinge tun, daß ich nicht weiß, wie ich sie sagen soll.*

Hugo ruft. Ich werde den Rest des Briefs heute abend beantworten,
Anaïs

❦

Ende 1931 laden Anaïs Nin und ihr Ehemann Hugh »Hugo« Guiler den amerikanischen Dichter Henry Miller in Paris zum Essen ein. Kurz darauf verliebt sich Anaïs – nicht in ihn, sondern in Millers Ehefrau June, das »schönste weibliche Wesen«, das ihr je begegnet sei. Sie stürzt sich in eine turbulente Liebesaffäre mit ihr, die Beziehung zu Henry ist auf freundschaftliche Vertrautheit beschränkt: Sie pflegen einen intensiven Dialog über Literatur und über das Schreiben. Überzeugt vom Genie ihres Freundes, der bis dahin noch nichts veröffentlicht hatte, bemüht sich Anaïs, Henry von seinen ständigen Geldsorgen zu entlasten und ihm den nötigen Freiraum für seine Arbeit zu verschaffen. Sie bringt ihm Lebensmittel, kleine Geschenke, gibt ihm Geld und ihre Schreibmaschine. Die Liebe beginnt erst einige Wochen später, oder vielmehr das Liebesfest – ein »literarisches Fickfest«, wie Henry Miller es nannte. Und »gleich hinterher redeten wir über unsere Schreibkunst«, vermerkt Anaïs in ihrem Tagebuch. »Ich wollte keine Liebe, weil sie Chaos bedeutet, und sie läßt den Verstand schwanken wie Laternen im heftigen Wind«, schreibt sie ihm, wohl wissend, wie sehr bereits »das rasende, glühende Blut« durch ihre Adern rauscht. Und Henry – hingerissen davon, in Anaïs die Frau gefunden zu haben, mit der er beides teilen konnte, Sexualität und geistiges Schaffen – schreibt der Geliebten: »Du machst mich ungeheuer glücklich, weil Du mich ungeteilt nimmst – mich Künstler sein läßt, sozusagen, und doch nicht abrückst vom Mann, vom Tier, von dem hungrigen, unersättlichen Liebhaber.« Mit ihr will er »Leben und Literatur miteinander verbinden«, er denkt an Heirat. Aber Anaïs will sich nicht von Hugo trennen. Lieber nutzt sie das Geld ihres gutsituierten Ehemanns und des einen oder anderen Liebhabers, um Henry weiterhin finanziell zu unterstützen. 1934 wird mit *Wendekreis des Krebses* endlich Henry Millers erster Roman veröffentlicht, finanziert von Anaïs.

Zehn Jahre besteht ihr Liebesverhältnis, dann weicht das leidenschaftliche Begehren nach und nach der Entfremdung. Schon 1932 schrieb Anaïs hellsichtig in ihr Tagebuch: »Henry ist für immer in meinem Wesen, selbst während ich so vernünftig das Ende unserer Liebe erwartete. Ich sehe die Freundschaft dennoch fortbestehen, ein fast lebenslanges Band.« Sie sollte recht behalten: Anaïs Nin und Henry Miller blieben einander bis ins hohe Alter freundschaftlich verbunden. Ihre Beziehung bleibt Gegenstand ihrer Werke und bietet Stoff für Literatur und Film. Millers *Stille Tage in Clichy* und Anaïs Nins *Henry, June und ich* lassen – ebenso wie ihr Briefwechsel – ihre Leser auch heute noch an ihrem außergewöhnlichen Liebesleben teilhaben.

Wir wollen uns neigen vor der Liebe und Kraft aus ihr schöpfen

Hildegard Knef an Kurt Hirsch

[Berlin,] Januar 1947 – [Neujahr]

Es ist Nacht, ganz still, ganz behutsam – Du liegst ermattet und glücklich – ganz nah sind wir uns – und dankbar! Sehr dankbar!

Dieses Jahr möge uns viele innige Stunden geben – stille Stunden des Glücks – und große Stunden des Glücks, des Erfolges in der lauten Welt – die uns unsere innigen Nächte möglich machen.

Hand in Hand mag das Schicksal [uns], wie in diesen ersten reinen Stunden in einem Neuen Jahr beschenken.

Wir wollen uns neigen vor der Liebe, vor der Güte, und die Kraft aus ihr schöpfen für das Neue – Du – wir – unser Leben

27. 1.

Ich bin krank und warte – liege und warte.

Warte auf das Gesundwerden auf Dein Nachhauskommen auf eine liebe Unterbrechung – alles vibriert in mir – ich möchte laufen, arbeiten, lieben alles was meine Vitalität verlangt – aber ich warte – die Minuten werden langsam zu Stunden und ich verfolge das Steigen und Fallen des Tages. Es tropft … es ist so still, daß ich meine Gedanken zu hören glaube.

Wenn Du das Zimmer verläßt und die Tür schlägst, hab ich einen beinahe physischen Schmerz – ich zucke zusammen, wenn etwas zu Boden gleitet. Die Stickereien auf meiner Decke erkenne ich als Grabkreuze – ich habe Angst – eigentlich vor mir.

Ich bin ungerecht gegen Dich – Du schreist –

Ich weine

Alles ist gegen meine Natur, gegen unseren Lebenswillen – meine Gefühle sind anders, als ich bin – einfach krank – ich bin krank, wenn ich Deine Liebe – Dein Verlangen – Deine Anlehnung nicht spüre – ich bin krank, wenn ich nicht Dich und meinen Beruf habe.

»Der Anfang ist in allen Sachen schwer«, heißt es in Goethes Prolog für das Theater. Er ist dem Stück *Hokuspokus* von Curt Goetz vorangestellt, mit dem im November 1945 das Schlossparktheater in Berlin wiedereingeweiht wird. Abend für Abend lauscht im Publikum ein amerikanischer Offizier ergriffen dem Prolog, den die Schauspielerin Hildegard Knef vorträgt. Anschließend verlässt er sogleich das Theater. Dem ganzen Ensemble bleibt der Verehrer nicht verborgen. Es ist Kurt Hirsch, ein in Tschechien geborener Jude, der während des Nationalsozialismus mit seinen Eltern in die USA emigriert war. In der Liebe ist der Anfang manchmal leicht: Hirschs Beharrlichkeit hat Erfolg, er lernt Hildegard kennen, und die beiden werden ein Paar.

Nach Ablauf seiner Militärzeit verpflichtet sich Kurt Hirsch für ein weiteres Jahr, um in Berlin, bei Hilde sein zu können. Sie beziehen eine gemeinsame Wohnung in Berlin-Schlachtensee. »Das Neue – Du – wir – unser Leben« beginnt. In dieser Zeit legt Hildegard Knef ein gemeinsames Tagebuch an – »*Unser* Buch für *unsere* Gedanken unsere Wünsche u. unsere Liebe« –, in das sie verliebte Briefe an

Hildegard Knef und Kurt Hirsch im Januar 1948 bei ihrer Abreise aus Berlin.

Kurt notiert. Aber nicht alles ist rosarot, Beruf und Beziehung in Einklang zu bringen ist nicht einfach. »Ehe ist nicht nur glücklicher Rausch«, schreibt Hilde, ebenfalls im Januar 1947, sie ist »eine Verpflichtung, wie sie größer nicht sein kann«. Dennoch geht sie diese Verpflichtung ein. Im Dezember 1947 heiratet sie Kurt Hirsch in der St.-Annen-Kirche in Berlin-Dahlem. Einen Monat später übersiedelt das Paar in die USA. Ein noch schwierigerer Neuanfang steht ihnen bevor. Wohnung, Freunde und Arbeit – alles will neu gewonnen werden. Die Hirschs gehen nach Los Angeles und beziehen dort ein Haus am Benedict Canyon Drive in Beverly Hills. Es ist etwas heruntergekommen, aber für »Schnüt« und »Schnütina«, wie sie sich seit ihrer Zeit in Berlin nennen, ist es ein richtiges »Schnütenhaus«. Hildegard Knef hofft, an den internationalen Erfolg anknüpfen zu können, den sie mit ihrer Hauptrolle im ersten deutschen Nachkriegsfilm *Die Mörder sind unter uns* hatte. Doch Hollywood scheint unerreichbar. Zwar sichert ihr ein Vertrag mit einer amerikanischen Produktionsfirma für die ersten Monate ein Auskommen, eine Rolle beim Film bringt er ihr jedoch nicht ein. Hildegard lernt Englisch und lässt keine Party aus, um Chancen und Kontakte zu mehren. Dabei vergrößert sich auch die Schar ihrer Verehrer, was Kurt mit Verärgerung und Eifersucht aufnimmt. Die Ehe bekommt erste Risse.

Im August 1950 verlassen Kurt und Hildegard die USA und kehren nach Deutschland zurück, wo endlich wieder ein Engagement auf Hildegard wartet. Es ist *Die Sünderin,* der Film, der einer kurzen Nacktszene wegen zu einem Skandal wird. Eine Liebelei am Set mit Willi Forst, dem Regisseur des Films, bringt das Aus für ihre Ehe. Schnüt und Schnütina gehen wieder getrennte Wege. Sie lassen sich im November 1952 scheiden. Ein paar Monate zuvor nahm Hildegard Knef ihre erste Schallplatte auf mit dem Titel: *Ein Herz ist zu verschenken ...*

Ich bin nicht dafür gemacht, in Teestuben zu weinen

Dorothy Sayers an John Cournos

24 Great James St
[Hampshire] W. C. I
4. Dezember 1924

Lieber John,

ich habe Deinen Brief eine Woche lang liegen lassen, bevor ich ihn las, weil ich es hasse, mich so aufzuregen – und weil es so anstrengend ist, mit einem Brummschädel ins Büro zu gehen, wenn man die Nacht durchgeheult hat – aber heute abend geht es mir besser. Die aktuelle Liebschaft des Scheusals ließ sich im Restaurant am Tisch neben mir niederplumpsen, und während ich noch sehr taktvoll bemüht war, sie zu übersehen, kippte sie mir versehentlich eine ganze Tasse Tee in den Schoß, woraufhin sie genötigt war, sich zu entschuldigen. Es muß schrecklich gewesen sein für das arme Ding.

Als ich sagte, Du solltest nicht über Frauen schreiben, wollte ich Dich provozieren, aber nie im Leben hätte ich erwartet, Dich damit zu solch ungezügelten Zornesausbrüchen und finsteren Andeutungen zu verleiten. Und das alles wegen einer Nichtigkeit! […]

Du bist der skrupelloseste Kritiker und Textverdreher, der mir je begegnet ist. Wie kannst Du behaupten, mir ginge es vor allem um die ewige Klage der Frauen, daß sie mißverstanden werden? Traust Du mir wirklich zu, daß ich derart harmlose und alberne Dinge im Sinn haben könnte? – Ich habe gesagt, daß manche Männer – Du bist einer davon, das Scheusal ein anderer – eine herzlose Gleichgültigkeit an den Tag legen, wenn eine Frau den innigen Wunsch nach einem Kind verspürt, was für sie körperlich das an Erfüllung bedeutet, was der Mann in seiner Arbeit findet. Daß Du auch so bist, macht das Bild, das ich von Dir habe, nicht positiver. Und obendrein redest Du auch noch über freies Leben und freie Liebe, und natürlich fällt Dir dazu als erstes ein, jeden schmutzigen Trick anzuwenden, den die Menschheit erfunden hat, um den Lauf der Natur zu ändern. Oder hast Du das etwa nicht getan? Nicht wahr, das hast Du doch getan?

Nun zu den großen Maximen! – Ach, Du meine Güte, mein Bester, haben die überhaupt eine Bedeutung? Mir sind sie jedenfalls ziemlich schleierhaft, es sei denn, man nimmt sie als vage Verallgemeinerungen, die mir zu schwammig sind, um noch als Argument zu taugen. 1) Sowohl die wilde als auch die zivilisierte Frau hat primitive Instinkte. Gewiß gibt es auch einen Unterschied – aber welchen? Physiologie, Tradition, Sitten, Möglichkeiten, Begierden, Tabus, Farbe, Größe, Gestalt – was wohl? Eine pauschale Behauptung wie diese besagt gar nichts. Was ich an Ähnlichkeiten zwischen mir und dem primitiveren Frauentyp ausmachen kann: Ich wollte Kinder, ganz normal und gewöhnlich. Ich wollte sie mit Dir, und da Du mir das wiederholt verwehrt hast, habe ich alles hingeschmissen. Ich wollte keine Kinder mit dem Scheusal, aber als es dann doch passiert ist, war ich dem Mann auf zärtliche Weise zugetan und wäre ihm treu geblieben, wenn er nicht in einem plötzlichen Sinneswandel auf mir herumgetrampelt wäre. Ich sagte es schon und sage es Dir noch einmal: Was zählt, ist nicht die romantische Liebe, sondern Geborgenheit und Respekt. […]

2. Auf Worte Taten folgen lassen. Ach was, tatsächlich? Ich glaube nicht, daß Du Dich in dieser Sache mir gegen-

über auch nur ein einziges Mal fair verhalten hast. Wenn ich daran denke, daß ich mit Dir Kinder haben wollte – hätte ich zu Dir kommen sollen, mich pro forma zu Deinen Ansichten bekennen und dabei insgeheim eine Schwangerschaft einfädeln? Ich hätte es ohne weiteres tun können. Und vielleicht interessiert es Dich, zu erfahren, daß ich tatsächlich darüber nachgedacht habe. Aber es wäre nicht fair gewesen, Dir das aufzubürden, besonders damals, als ich praktisch mittellos war. Übrigens hatte ich wirklich den Wunsch, ein anständiges Leben zu führen und meinen Eltern (die noch immer nichts davon wissen) so etwas zu ersparen – und ich war unberührt. Und Du stelltest Deinem Ansinnen die ermutigende Versicherung voran, daß Du mich weder lieben, noch mir treu sein würdest. Taten, gewiß. Hättest Du gewollt, hättest Du mich genommen. Das Scheusal – um ihm Gerechtigkeit widerfahren zu lassen – hat es getan. Aber ja, wenn Du mich gewollt hättest, hättest Du mich gehabt – wie das Scheusal. Mach wenigstens den Versuch, *das einzusehen.*

3. »Die große Liebende ist niemals ohne Aufgabe.« Willst Du mich zu einer gemeinen Hure stempeln? Ich fürchte, das wäre etwas zu viel für die Meinen und meinen Sohn. Oder willst Du damit nur sagen, daß ich Dich nicht geliebt habe? Nun, ich habe Dich geliebt, auf die einzige Art, die mir möglich war. Ich habe Dir die größte Achtung entgegengebracht und Du wolltest Dich lediglich ein bißchen amüsieren – weshalb an der Sache nun der anrüchige Odeur eines Verhütungsmittel-Ladens klebt. Und Du läßt Dich dazu herab, mir jetzt mehr Intelligenz zuzugestehen? Sie war schon immer da – nur hast Du das arme Ding durch den Drill und das ständige Predigen fast zu Tode gelangweilt. Ich hatte Dich wirklich gern, und ich hatte Angst vor Dir. Du warst ein mieser Gesellschafter für ein armes Mädchen wie mich. Du wolltest nicht ins Theater,

Du wolltest keinen Unsinn reden – kannst Du Dir vorstellen, wie ich auf Deinem *Schoß gesessen und aus dem Stegreif Limericks aufgesagt hätte, einer obszöner als der andere? – Ich sage das so unerhört offen, weil ich nichts mehr zu verlieren habe, und Du scheinst Grobheiten zu mögen. Tut mir leid, wenn Dich unser letztes Gespräch gelangweilt hat. Für mich hingegen war es schrecklich – ein Todesstoß, der mich zu Boden gerissen hat. Nun, wenn wir uns wiedersehen, werde ich geistreich sein – und Du verschone mich mit Deinen Maximen. Frauen hassen das. Sei meinetwegen ein Grobian, aber sei* persönlich *– dann bist Du unwiderstehlich. Komm runter von Deinem Berg Sinai, – ich werde den Teufel tun, mich noch länger bevormunden zu lassen.*

Zur letzten Frage: Teetrinken oder nicht Teetrinken? Dich zu sehen wird die Hölle für mich sein, weil ich Dich noch immer liebe, Judas, mit all deinen Fehlern. Und da Du nichts mehr für mich übrig hast, werde ich in einer sehr dummen, unangenehmen und schmerzlichen Lage sein. Ich bin nicht *dafür gemacht, in Teestuben zu weinen. Aber wenn Du herkommen willst, gerne. Frag mich alles, was Du willst – ich kann mir keine Frage vorstellen, die ich nicht offen und ehrlich beantworten würde. Aber um Himmels willen, bloß keine Banalitäten. Gütiger Gott! – Hältst Du mich etwa für geschlechtslos?*

Was soll Dein Brief überhaupt? – Er beunruhigt mich, weil ich das Gefühl habe, daß Du einen heimlichen Groll gegen mich hegst, und ich weiß nicht, wieso. Ich bin wirklich irritiert. – Und es würde mich offen gestanden, nicht wundern, wenn der Grund für Dein Interesse darin liegen sollte, daß Du eine Kurzgeschichte daraus machen willst. Ist *da irgendein persönliches Gefühl – irgendeins? D.*

»Ich kriege weder den Job, den ich will, noch das Geld, das ich will, (und folgerichtig) nicht die Kleider, die ich will, nicht den Urlaub, den ich will, nicht den Mann, den ich will.« Diese resignierte Feststellung adressiert die 28-jährige Dorothy Sayers im Juli 1921 an ihre Mutter. Ein Jahr zuvor war sie nach London gezogen, in der Hoffnung, dort Arbeit zu finden. Erst zwei Jahre später wird ihr mit ihrem ersten Lord-Peter-Wimsey-Roman der Durchbruch als Kriminalschriftstellerin gelingen. In jenen Monaten in London und später in Hampshire hält sie sich mit Teilzeitjobs über Wasser und macht harte Zeiten durch. Die Begegnung mit John Cournos, einem jüdischen Schriftsteller ukrainischer Abstammung, scheint der einzige Lichtblick zu sein. Für sie ist es die große Liebe, ist er der Mann, den sie will. Aber Cournos will vom Heiraten und Kinderkriegen nichts wissen, sondern sich »lediglich ein bißchen amüsieren«. Als Entschuldigung führt er an, dass er grundsätzlich nichts von der Ehe halte. Die zwei ungleichen Gefühlslagen lassen sich auf keinen gemeinsamen Nenner bringen, die Beziehung verläuft unglücklich und endet, als Cournos 1922 in die USA geht.

Dorothy stolpert daraufhin in eine merkwürdige Affäre mit dem »Scheusal«, dem Automechaniker Bill White, von dem sie schwanger wird. Natürlich wollte sie Kinder, aber kein uneheliches Kind. Ihren Sohn, den sie John Anthony nennt, gibt sie in die Obhut ihrer Cousine, niemand soll von ihm wissen. Nur einem Mann schüttet sie ihr Herz aus: dem Mann, mit dem sie das Kind hätte haben wollen, das sie nun mit einem anderen gekriegt hat. »Das einzige, was noch schlimmer wäre, als das Kind eines Mannes, den du haßt, auf die Welt zu setzen, wäre, mit dem Mann, den du liebst, zur Kinderlosigkeit verdammt zu sein.« Doch John Cournos zeigt weder Verständnis für diesen Standpunkt noch Mitgefühl für Dorothys Situation. Einen Widerspruch zwischen

Worten und Taten mahnt er an, obwohl er selbst allen Grund hätte, zurückhaltend zu sein. Im Sommer 1924 war er nach England zurückgekehrt und hatte geheiratet, eine andere Frau und – ausgerechnet – ebenfalls eine Kriminalschriftstellerin. Die Nachricht hatte Dorothy schwer getroffen, und sie war Anlass dafür, nach zwei Jahren ohne Kontakt, John einen Brief zukommen zu lassen. »Ich habe gehört, daß Du geheiratet hast«, schreibt sie im August 1924, »ich hoffe, Du bist sehr, sehr glücklich mit jemandem, den Du wirklich liebst. Wie Du siehst, haben wir beide unsere Prinzipien verraten und das getan, was wir niemals tun wollten. Ich hoffe, Dein Experiment wird erfolgreicher sein als meins.«

Postwendend schreibt John zurück. In elf Briefen quälen sie sich mit dem Ende ihrer Liebe. Johns einziges Interesse an der Sache dient seinem eigenen Schreiben. Aber auch Dorothy verarbeitet mit *Geheimnisvolles Gift* die Geschichte literarisch. Ihre Wünsche im Hinblick auf Job, Geld und Kleider lassen sich erfüllen. Mit ihren Büchern erobert Dorothy Sayers schnell den nationalen und internationalen Markt und wird zu einer der berühmtesten englischen »Crime Ladies«. Lord Peter Wimsey ist der einzige »Traummann« ihres Lebens. 1925 heiratet sie den Journalisten Mac Flemming, ohne dass der Ehe viel Glück beschieden wäre. Ein weiteres Kind bekommt sie nicht. Ihr Sohn John Anthony hat viele Jahre lang keine Ahnung, wer seine »Tante Dorothy« wirklich ist. Und John Cournos? Die Berühmtheit, die er erlangte, verdankt er weniger seinen Büchern, sondern der kurzen Liaison mit einer Frau, die er hätte haben können, aber nicht haben wollte.

Ach! Wenn Du Deine Bestimmung erfüllst – gehe ich Dir entgegen

Eleonora Duse an Gabriele D'Annunzio

Marseille, 31. März [1898]

Ich vernichte einen verrückten Brief, den ich Dir heute nacht schrieb, als ich aus dem abscheulichen Theater zurückkam.

Dein Telegramm von heute morgen ist da, von vor zwei Stunden! –

Und da: drei Worte – das heißt, ein *Wort, – das heilige – dreimal wiederholt.*

Es ist das Wort, das wir, Mund an Mund, wenn Deine Hand über mich geht, nicht zu sagen wagen, *weder Du noch ich. – So ist es gut! Im Beisammensein süße Wonne, die das Wort verbannt … in der Trennung … das Erzwungene der Kunst, das verbittert; – der* Klang *des inneren Seins, so weit* über *dem äußeren Leben … und dann werden, über die Telegrafenleitungen hinweg, Worte hinausgeschrieen (von Dir zu mir, von mir zu Dir), die wir beieinander, Mund an Mund, nicht anzurühren wagen, indem wir sie* aussprechen, *kennen wir doch sehr gut ihre Kostbarkeit, ihre Gefährlichkeit, ihre Reinheit, ihr Geheimnis, ihre Vorbedeutung.*

Gebenedeit seist Du – und das ungebändigte Leben, das Du Dir und der Kunst neu schaffst und wiedererweckst, in Dir für *Dich, jedweden Augenblick.*

Oh! Gebenedeiter Du.

Ich würde nicht in Tränen vergehen, wenn ich Dir beim Vorlesen der schönen Sachen *lausche, die Du der Kunst darbringst, fühlte ich nicht ganz tief, tief in mir, mit welch unendlicher Anteilnahme Deiner Seele Du sie hervorquellen läßt.*

Und das alles sei gebenedeit!

Ach! Wenn Du Deine Bestimmung erfüllst – gehe ich Dir entgegen.

Jeden Tag glaube ich zu sterben, während ich jenen Tag erwarte, ihn fern und doch nahe wissend.

Ja, ja, Du teure und schöne Seele.

Dir werde ich entgegengehen. Schon weiß ich um Deine derzeitige Qual … –

Es wird »die dargebrachte Gabe« *sein.*

Ach, Seele! –

Eleonora

❦

Es ist Nacht in Venedig. Die Stadt schläft. Zwei versprengte Seelen streifen umher und begegnen sich an der Rialtobrücke. Er steht aufrecht in einer Gondel, als sie einander in die Augen blicken. D'Annunzio selbst hätte den Anfang der Liebesgeschichte zwischen ihm und der Duse nicht besser ersinnen können.

Wir schreiben das Jahr 1894, der 31-jährige Gabriele D'Annunzio und die fünf Jahre ältere Eleonora Duse sind bereits über die Grenzen ihres Landes hinaus berühmt – sie als Schauspielerin, er als Schriftsteller. Die Duse wollte den Dichterfürsten schon immer kennenlernen, er hatte »der göttlichen Eleonora Duse« bereits eins seiner Bücher gewidmet. In Zukunft werden viele weitere Widmungen folgen. Die Duse ist für ihn die ideale Person, um seiner Kunst Ausdruck zu verleihen. Mit ihr gemeinsam verfolgt er hochfliegende Pläne. Ein italienisches Nationaltheater soll entstehen, ein zweites Bayreuth in Italien. Was er in den nächsten Jahren schreibt, schreibt er für sie. Er ist der große, geniale

Schöpfer, sie die Ausführende – Muse, Aktrice und Finanzier. Ein kräftezehrendes Unterfangen für die Duse, das sie seelisch, körperlich und finanziell an ihre Grenzen bringt. Aber das »Geschenk seines Werkes« scheint ihr jeden Einsatz wert.

Liebe war zunächst gar nicht vorgesehen. Eine Künstlerfreundschaft, ein Schaffensbund sollte es sein. Dann drängt sich das unaussprechliche Wort doch ins Beisammensein. Im Herbst 1897 zieht die Duse in ein Bauernhaus in der Gegend von Florenz, und D'Annunzio folgt ihr nach. Er verlässt seine aktuelle Geliebte, eine italienische Prinzessin, und die gemeinsame Tochter und bezieht das Nachbarhaus. Ein kleiner Weg verbindet die beiden Anwesen – das eine ein einfaches Haus im toskanischen Stil, das andere ein prunkvoller Palast. Geschliffene Gläser statt der einfachen Fenster, Seide und Brokat an den Wänden, persische Teppiche, goldbestickte Kissen, japanisches Porzellan, Räucherfässchen und Rosen: All das braucht es, damit der Dichterfürst sich wohlfühlt. Auch für seine acht Reitpferde und die vierzig Windhunde muss Platz sein. Was er außerdem zum Leben und Arbeiten braucht, sind Frauen. Auch wenn er körperlich alles andere als attraktiv war, gelang es ihm stets, eine große Schar von Bewunderinnen und Geliebten um sich zu versammeln. Und auf Dauer ist auch eine Duse allein nicht genug. Viele der für sie vorgesehenen Rollen besetzt D'Annunzio mit anderen Frauen, auf der Bühne wie im Leben. Selbst mit Sarah Bernhardt, ihrer großen französischen Konkurrentin, arbeitet er. Immer wieder kehrt er reumütig zu seiner Geliebten zurück, immer wieder gibt es süße Versöhnungen und neue Wolkenbrüche. Im Jahr 1900 präsentiert D'Annunzio in seinem Roman *Das Feuer* der Öffentlichkeit die Geschichte einer alternden Schauspielerin, die von ihrem jungen Geliebten zurückgewiesen wird. Er soll die Duse vorab um Erlaubnis für die

Veröffentlichung gebeten haben. Sie habe zugestimmt, denn ein »Kunstwerk ist mehr wert als das Leiden eines menschlichen Lebens«.

Bis 1904 ringt sie mit diesem Leiden, dann gibt sie D'Annunzio endgültig den Laufpass. Seinen Werken aber bleibt sie treu. In seinem *Traum eines Frühlingsmorgens*, in seiner *Francesca da Rimini* oder *La Gioconda* steht Eleonora Duse auch später noch auf der Bühne.

Der Gedanke an Dich begeisterte mich so beim Spiel, daß das ganze Publikum mit begeistert wurde

Clara Wieck an Robert Schumann

November 1837
Prag, Sonntag d. 12. abends

Lieber Robert,

Dein Brief hat mir eine unaussprechliche Freude gemacht, ich bekam das Zittern im ganzen Körper vor Freude, als mir ihn die Nanny einhändigte. Doch nun erlaube mir, erst ein wenig zu zanken und Dir zu sagen, daß Du ein ungenügsamer Mensch bist. Erst wolltest Du in 8 Wochen einen Brief haben, dann in 4 Wochen, und nun schreib ich Dir in 3 Wochen und Du beklagst Dich! – Ich glaub fast, Du willst mich schon ein wenig im voraus die Herrschaft des Mannes fühlen lassen – schon gut, ich denk, wir werden uns vertragen. – Aber was schreibst Du da von Hoffnungen sinken? Hast Du den *Sinn aus meinen Briefen gezogen? Ach Robert, das schmerzt! Leb ich ja doch* nur in einer *Hoffnung, nur ein Gedanke begeistert mich in meinem Tun und Treiben, und Du kannst so etwas sagen, nein –* schreiben? *– Laß das nicht weiter gehen! – Und nun, was das* verheiraten *betrifft, das ist allerdings bedenklich. Wenn nun so ein* Diamant *käme, der mich so blendete, daß ich Eusebius, Florestan und wie sie sonst noch heißen, vergäße und Du läsest am Ende in Zeitungen »Verlobung des Fräulein Clara Wieck mit dem Herrn von Perlenschnur oder Diamantenkrone« – Im Ernst aber, bin ich ein kleines Kind, das sich zu dem Altar führen läßt wie* *zur Schule? Nein, Robert! Wenn Du mich* Kind nennst, *das klingt so lieb,* aber, aber *wenn Du mich Kind* denkst, *dann tret ich auf und sage: »Du irrst!« Vertraue mir vollkommen. Hab ich Dir nicht einmal geschrieben »Die Not bricht Eisen«; hilft nichts mehr, so such ich Ruhe in liebenden Armen. Nun noch – was wollt ich doch gleich? Ich meine den Ring. Also Du wolltest mir ihn wiedergeben? Hm, das wäre halt zu schauen, will mal überlegen! – Du lächelst?* ich auch – *eben schaut der Mond herein »schönen Gruß« – nun, nicht wahr, lieber Robert, wir lassen es beim Alten, und Du nennst mich fortan Deine treue Clara, nie anders.*

Von meinem Leben willst Du also wissen, so höre! Heute habe ich im Konservatorium [ein] Konzert gegeben (die Konzerte sind hier des Theaters wegen um Mittag 12 oder nachmittags 5 Uhr) und bin 13mal gerufen worden. Mein Gott, das war ein Enthusiasmus, wie mir noch nicht vorgekommen. Du kannst Dir denken, ich wußte gar nicht was tun; immer mußt ich wieder aus meinem Schlupfwinkel heraus, und nun die Knixchen, die ich so herzlich schlecht mache! Der Gedanke an Dich begeisterte mich so beim Spiel, daß das ganze Publikum mit begeistert wurde. Schon Gratulationsbriefe und Besuche habe ich heute bekommen – die Leute sind hier wie närrisch. – Doch sieh an die Uhr, wie spät es ist, und ich, die ich heute der Ruhe so sehr bedarf, plaudere so lange! ach könnt ich doch immer so plaudern! –

So denn gute Nacht und hörst Du, den Dienstag *hab ich allerdings gesprochen von »schönen Worten« etc., glaub mir, ich wollte Dich nicht verwunden … doch möcht ich Dir den Rat geben, wohl das Eine und das Andere, doch nicht* Alles *zu vergessen, was ich Dir am Dienstag gesagt. Nun träume recht viel Schönes, von einem Mädchen, das so treu geliebt hat wie keines.*

»Das Mädchen hat mehr Kraft als sechs Knaben zusammen«, schrieb Goethe, nachdem er die zwölfjährige Clara Wieck hatte spielen hören. Die Tochter des Klavierpädagogen Friedrich Wieck galt als ein Wunderkind auf dem Klavier. Mit zehn war sie im Oktober 1829 das erste Mal aufgetreten, ein paar Jahre später füllte sie die Konzertsäle Deutschlands und Europas. Daneben erhielt sie auch Kompositionsunterricht.

Der neun Jahre ältere Robert Schumann kam im Herbst 1830 als Klavierschüler und Untermieter ins Haus Wieck nach Leipzig. Auch ihm ist die Laufbahn eines Klaviervirtuosen zugedacht, doch macht die plötzliche Lähmung eines Fingers die beginnende Karriere zunichte. Fortan beschränkt er sich aufs Komponieren. Im Hause Wieck kommen sich Clara und Robert näher. Robert hält um Claras Hand an, aber ihr strenger Vater will davon nichts wissen. Er verbietet seiner Tochter den Umgang mit dem psychisch labilen, mittellosen Studenten ohne Abschluss. Am 13. August 1837 – es ist der Abend ihres 18. Geburtstags – setzt Clara ein öffentliches Zeichen ihrer Zugehörigkeit: Eigenmächtig nimmt sie während eines Konzertabends eine Komposition Robert Schumanns, die »Symphonischen Dichtungen«, ins Programm auf. Robert selbst sitzt im Publikum und ist sich nun sicher, dass seine Liebe erwidert wird. Fortan sehen sich die beiden heimlich und schreiben sich Briefe. Die Hochzeit von Robert und Clara wird schließlich gegen den Willen der Familie Wieck per Gerichtsbeschluss durchgesetzt, sie findet am 12. September 1840 in der Dorfkirche Schönefeld in der Nähe von Leipzig statt.

Das Eheleben verläuft nicht ohne Spannungen. Robert Schumann sehnt sich nach einem traditionellen Familienleben, doch Clara will ihre Karriere als Pianistin auf keinen Fall vernachlässigen. Acht Kinder bringt sie zur Welt, und zwischen den Schwangerschaften unternimmt sie Konzerttourneen durch Europa. Finanziell ist die Familie auf Claras Berufstätigkeit angewiesen: Auf einer einzigen Konzertreise verdient Clara mehr als ihr Mann in einem Jahr. Im Jahr 1850 übersiedeln die Schumanns nach Düsseldorf, wo Robert die Stelle des Musikdirektors angeboten wurde. Doch zunehmend wird er von Nervenkrisen, Depressionen und Halluzinationen geplagt. Im Februar 1854 stürzt er sich von einer Brücke in den Rhein. Er überlebt und wird in eine psychiatrische Anstalt eingewiesen. Dort stirbt er zweieinhalb Jahre später. Clara Schumann setzt ihre Karriere als Pianistin fort und kümmert sich um den Nachlass ihres Mannes. Nicht zuletzt durch ihre Auftritte machte sie das Werk Robert Schumanns populär. Sie starb vierzig Jahre nach diesem, am 20. Mai 1896, als eine der größten Klaviervirtuosinnen des 19. Jahrhunderts.

Mein Ich löst sich in Kreisen auf, ich überlasse mich Dir ganz

Hilde Domin an Erwin Walter Palm

Rom, [vermutlich Februar] 1936
Im Bett. Giovedi.

Mein Süßer. Ich liege, müde, müde, müde.

Mein einziges Gefühl: Zärtlichkeit gegen Dich, mischt sich auf eine süße Weise mit meiner Müdigkeit. Ich habe Deinen Brief mit ins Bett genommen, damit Du wenigstens ein klein Bißchen bei mir bist. Mir ist gar nicht sehr nach schreiben, die Feder ist mir zu schwer, und ich muß den Kopf ein wenig heben, mir ist zu schläfrig. Aber, wie ich so Deinen Brief wieder lese, kommt mirs so vor, als habe ich Dir nicht richtig geschrieben, ich werde nachträglich mit meinem Brief erst recht unzufrieden. (War ichs doch vorher schon wegen all dem trockenen Krempel) Du schreibst mir so lieb, es ist mir, als ob Du mich streicheltest, wenn ich ihn lese – und ich werde immer gleich irritiert, wenn ich von »dem schrecklichen Problem« höre. Ich verliere die Unbefangenheit. Und ich weiß nicht, mir scheint, als ob es mir gegen den Schluß mit meinem Brief so gegangen wäre, als ob der Contakt mit Dir an einer Stelle des Briefes knak gemacht hätte, und ich von diesem Punkte an gehindert gewesen wäre, so zärtlich zu schreiben wie mir zu Mute war. Es handelt sich übrigens gar nicht um das Problem, das macht mich nicht kopfscheu, es ist auch nicht so, daß ich damit nichts zu tun haben wollte, im Gegenteil, wo Dir eine erkenntnistheoretische Debatte oder dergleichen nützlich scheint, laufe ich nicht davon, wenn Du auch letztlich alleine damit fertig werden mußt und fertig werden wirst – es handelt sich um etwas ganz und gar nicht Geistiges. Jener verkrachte Abend, Du weißt, hat mir einen profunden Eindruck gemacht. Nicht, als ob ich auch nur im geringsten nachtragend wäre, aber ich vergesse nicht leicht. Ich bin darin ganz anders als Du. Sowie Du von den tormenti *dieses Problems schreibst, höre ich wieder Deine fremde Stimme, die mich an jenem Abend so entsetzt hat, und husch, ist aller Geist und alle Vernunft davon.* Laissons, laissons, laissons!

Das alles wollt ich gar nicht schreiben. Ich wollte Dich nur ein Bißchen kosen, mein Liebes, weil Du über all dem Gehetze und Gelaufe zu kurz kommst. Wenn Du da wärst, so würde ich mich an Dich schmiegen und Dir sehr schmeichelnde Worte sagen. Aber schreiben. Cela ne va plus. Mein Körper ist ganz weich und schwer, vor Schlaf und vor Sehnsucht nach Dir. Meine Lippen fühlen sich so küßlich an, als ob Du Dich über mich beugtest, als ob Du mir ganz nahe wärst, immer näher fühle ich Deinen Mund, Du nimmst mich in Deine Arme ganz eng, mein Ich löst sich in Kreisen auf, ich überlasse mich Dir ganz, ich gehöre nur noch Dir, o, mein Süßer, wie liebe ich Dich, ich weine vor Sehnsucht und Verlangen.

Ça ce n'est pas de la letteratura. *Wie töricht, sich so in seine Sehnsucht zu steigern. Aber wenn ich jetzt schlafe, ist es fast so schön, als ob Du wirklich bei mir wärest. Gute Nacht, mein Süßer. Es ist fast 1 Uhr, beinah 2 Stunden hab ich mit Dir gekost.*

Hast Du nichts davon gefühlt?
Du sollst in meiner Umarmung einschlafen
H.

Hilde Löwenstein und Erwin Walter Palm im mondänen Badeort Montecatini, im Entstehungsjahr des Briefes 1936.

Ein Donnerstagabend des Jahres 1936 in Rom. Hilde Löwenstein liegt im Bett und schreibt an ihren Geliebten in Florenz. Sie schreibt aus einer Wohnung in der Via Monte Tarpeo 61, die sie gerade für sich und Erwin Walter Palm gefunden und gemietet hat. Das Apartment, das einst der Duse gehörte, sollte die erste gemeinsame Wohnung des jungen Paares werden, die noch »mit Möbeln vom Flohmarkt, dem ›Campo dei Fiori‹, und von den umliegenden Althändlern bewohnbar« gemacht werden musste. Alle Konventionen hinter sich lassend, ohne gesicherte Zukunftsaussichten und ohne Trauschein, waren die beiden Heidelberger Studenten im Herbst 1932 zum Studium nach Italien aufgebrochen. Sorglos gegenüber der politischen Lage, ahnten sie nicht, dass ein 22-jähriges Exil daraus werden würde, das sie von Italien nach London und schließlich in die Dominikanische

Republik führen sollte. Voller Frohsinn und Neugier stürzten sie sich in das italienische Leben, studierten zunächst in Florenz und übersiedelten zu Jahresbeginn 1936 nach Rom, wo sie im Oktober desselben Jahres heirateten. Die Jahre ihrer Ehe begleitet ein umfangreicher Briefwechsel, der sich wie ein Tagebuch liest. »Ça ce n'est pas de la letteratura«, behauptet Hilde. Aber doch, ihre Briefe sind Literatur. Verspielt und voll sprühendem Witz, geistvoll und zärtlich, durchtränkt von den Farben und Klängen der Orte, an denen sie sich gerade befindet. Hilde ist der kleine »Hase«, zeichnet oft einen solchen anstelle einer Unterschrift und nennt ihren Erwin zärtlich »Peter« oder »lieber Aff«, »Affenköpfchen«, »Affenpanther«.

»Ich liebe dich, du liebst mich, wir lieben uns. Sind wir zwei zu einer Person vereinigt oder sind wir eine Einheit zweier Personen?«, schreibt sie ihm 1936 auf Französisch. »Was ich sicher weiß: ich gehöre Dir, Du gehörst mir – und Deine Ideen werden meine sein.« Für die ersten beiden Jahrzehnte ihrer Ehe ist dies das bestimmende Moment: Seine Ideen sind die ihren, dafür verdient sie das Geld, für ihn fotografiert, recherchiert, übersetzt und korrigiert sie. Das große gemeinsame Ziel, der große Traum ist der literarische Durchbruch, doch stets der seine, nicht der ihre. Eine schwere Ehekrise und der Tod ihrer Mutter zu Beginn der Fünfzigerjahre sind ihre späte Geburtsstunde als Lyrikerin. Das Schreiben wird zum einzig möglichen Weg, dem Schmerz zu entfliehen. Zögernd noch und mit dem Gefühl, »es taugt nichts«, entstehen ihre ersten Gedichte. Nach Deutschland zurückgekehrt, gelingt ihr das, worauf ihr Mann jahrelang vergeblich hingearbeitet hatte, sie publiziert erfolgreich – unter dem Künstlernamen Hilde Domin. Viele ihrer Gedichte adressiert sie an ihren Ehemann: »Wären meine Tränen / Perlen / ich schenkte Dir heute / lächelnd / ein Diadem.« Die Krisen, die Zweifel, das im Brief erwähnte »schreckliche Problem«, über das wir nichts Genaueres erfahren, sind überwunden. Das Diadem der Liebe glänzt bis zu Erwin Walter Palms Tod im Jahr 1988. Hilde Domin stirbt im Februar 2006. Sie ist fast hundert geworden. »Gestorben wird auch an blauen Tagen / bei jedem Wetter / Auch an blauen Tagen / bricht das Herz.«

Mein Herz machte einen Sprung wie ein angeschossenes Kaninchen

Carson McCullers an Reeves McCullers

Nyack, NY.
15. Januar [1945]

Liebster,

ich hatte mir fest vorgenommen, Dir nicht morgens zu schreiben, sondern mich zu zwingen zu warten, bis die Tagesarbeit getan ist. Aber heute bin ich wieder schwach geworden; nachdem ich drei Stunden an der Schreibmaschine gesessen habe und nicht in der Lage war, meine Gedanken länger als zwei Sekunden am Stück von Dir loszureißen, habe ich die Geschichte aus der Schreibmaschine gezogen und schreibe nun an Dich. Heute morgen, Montag, kam ein Brief. Er trug die alte Feldpost-Adresse in der Ecke, und als ich ihn öffnete, lauteten die ersten Zeilen, die ich las, »Auftrag ausgeführt«. Einen schrecklichen Moment dachte ich, daß Du schon wieder an der Front bist; mein Herz machte einen Sprung wie ein angeschossenes Kaninchen, und als Mutter mein Gesicht sah, nahm sie mir den Brief aus der Hand. Dann, als ich das Datum las – 8. Dezember, der Tag, bevor Du verwundet wurdest –, war alles wieder in Ordnung. Aber den ganzen Morgen war ich unfähig, an etwas anderes zu denken als an Dich. Geliebtes Herz, ich kenne all Deine Briefe auswendig und trage immer einen oder zwei an meinem Herzen (zwei Herzen in einem Satz, aber das spielt keine Rolle).

Reeves, nur wenn ich in Deiner Nähe lebe, fühle ich mich natürlich. Wenn wir nicht zusammen sind, fühle ich mich unsicher, ausgesetzt; es ist, als lebte ich in einem Zimmer ohne Wände. Verstehst Du? Die einfachsten Dinge sind mit einem Gefühl des Grauens behaftet. Manchmal habe ich Angst, die Straße zu überqueren, oder wenn ich in einem Bus sitze, weiß ich plötzlich, daß die Hinterräder abfallen werden. William würde es eine »Angstneurose« nennen. Aber Du weißt, Liebling, daß das nicht der alten Carson entspricht, die mit Dir zusammenlebte. Wenn Mama einkaufen geht, bin ich unruhig, bis sie zurückkommt. Da der zentrale Schrecken dieses Krieges, die Sorge um Dich, zu groß ist, als daß ich damit umgehen könnte, scheint mein Gehirn diese allem zugrunde liegende Angst zu nehmen und sie auf hundert geringere Möglichkeiten zu übertragen. Aber jetzt, wo Du im Krankenhaus bist, fühle ich mich meinem alten Gemütszustand näher als seit langer Zeit. Zum ersten Mal seit vielen Monaten schlafe ich ohne Alpträume. Und zweimal, Reeves, habe ich sogar geträumt, daß Du neben mir liegst.

Ich nehme an, ich sollte Dir nichts von diesen neurotischen kleinen Macken schreiben – und ich würde es auch nicht tun, wenn sie nicht am Verschwinden wären. Ich warte auf den Tag, an dem wir zusammensein können. Dann, das weiß ich, werden all diese Merkwürdigkeiten für immer vorüber sein – und wir werden in Einfachheit und sogar mit einem Teil der alten Freude leben und arbeiten können.

Ich kann mir vorstellen, daß Du, seit Du in England bist, nach vorne geblickt und ein paar Überlegungen angestellt hast, was Du nach dem Krieg tun willst. Ich würde gern Näheres darüber hören.

Liebster, ich möchte nicht, daß Du den Eindruck hast, daß ich nicht gesund bin. Das ist absolut nicht der Fall. Es ist nur so, daß Du vor zehn Jahren angefangen hast, mich zu verwöhnen, und ich habe seitdem nicht gelernt, dieses

Leben ohne Dich zu meistern. Ich muß nicht unbedingt das Gefühl haben, daß wir im selben Haus leben (obwohl ich das wollen würde). Aber ich muß wissen, daß Du irgendwo auf der Welt bist und daß wir einander immer erreichen können.

Es ist fast ein Uhr. Ich habe diese Arbeit, die getan werden muß. Ich muß ein Kapitel zu Ende bringen, aber es scheint irgendwie »abgeschweift« zu sein und erfordert soviel mehr Arbeit. Nach diesem Kapitel wird das Buch, denke ich, einigermaßen glatt vorangehen, aber dieses Kapitel muß genau richtig werden.

Mutter hat mich zum Essen gerufen. Es gibt Spargelsuppe und Sandwiches mit Hühnersalat. Seit Du im Krankenhaus bist, bin ich immer hungrig.

Ich hoffe bei Gott, daß ich mit der Nachmittagspost einen Brief aus England bekomme. Ich will die schriftliche Anforderung für Dinge, die es mir ermöglicht, Dir Päckchen zu schicken. Unter anderem hatte ich sehr gute französische Pralinen aus einem Laden in New York – aber als ich neulich so enttäuscht war, habe ich sie aufgemacht und auch Rita [ihrer Schwester] und Mutter davon angeboten. Aber sobald ich Deine schriftliche Anforderung habe, kann ich alles schicken. Aber Du mußt auflisten, was Du willst.

Ich muß jetzt gehen, Liebling. Ich küsse diesen Brief.

Deine
Carson

Am 18. April 1967 versammelt die schwerkranke Carson McCullers ihre Freunde, Familienmitglieder und einige studentische Hilfskräfte des nahe gelegenen College um ihr Bett. Sie ist – gerade einmal fünfzig Jahre alt – gezeichnet von mehreren Schlaganfällen. Ihr linker Arm ist gelähmt, sie kann nicht mehr gehen, und das Sprechen fällt ihr schwer.

Aber sie ist fest entschlossen, ihre Memoiren zu verfassen. Sie diktiert vom Bett aus, und ihre Freunde schreiben mit. Ihre Erinnerungen sollen den Titel *Illumination and Night Glare* tragen: »Erleuchtung und blendendes Nachtlicht« – die Formel für ein Leben, in dem Freuden und Tragödien Hand in Hand gingen. Im Sommer 1940, im Alter von 23 Jahren, war sie mit ihrem Roman *Das Herz ist ein einsamer Jäger* früh zu literarischem Ruhm gekommen, ein paar Monate später hatte sie ihren ersten Schlaganfall erlitten. Der Krankheit und dem Leiden trotzte sie ihr schmales, aber großes Werk ab: vier Romane, ein Gedichtband, ein Theaterstück und eine Reihe von Erzählungen, darunter die berühmt gewordene *Ballade vom traurigen Café*.

»Erleuchtung und blendendes Nachtlicht« kann auch als Überschrift über ihrer Ehe mit dem vier Jahre älteren Reeves McCullers stehen: Mit siebzehn hat sie ihn kennengelernt und sich sofort verliebt. Zwei Jahre später, im Herbst 1937, heiraten die beiden im kargen Wohnzimmer von Carsons Eltern, zur Hochzeit gibt es Hühnersalat und Champagner. Es sollte »eine Ehe der Liebe und des gemeinsamen Schreibens« werden, aber Reeves' literarische Ambitionen verlaufen im Sand. Für sein Leben findet er weder Ziel noch Richtung, und schließlich verfällt er dem Alkohol. Im Herbst 1941 lässt sich das Paar scheiden. Reeves geht zur Armee, er wird nach England geschickt und dort für die bevorstehende Invasion der Alliierten in der Normandie ausgebildet. Jetzt nähern sich die beiden wieder an, sie schreiben sich Briefe. Spärlich sind die Informationen von der Front, und Carson McCullers plagt die Sorge um das Schicksal ihres geschiedenen Mannes. Jeder Brief aus Europa wird sehnlich erwartet und sogleich beantwortet. Ende 1944 erhält Carson eine Depesche des Kriegsministeriums mit der Nachricht, dass Reeves in Deutschland verwundet worden ist. Per Schiff wird er in die Vereinigten Staaten zurückgebracht. Carson und Reeves heiraten ein zweites Mal. Doch die Schatten von Krankheit und Depression lasten auch auf der erneuerten Verbindung. Acht Jahre nach der Hochzeit nimmt Reeves sich das Leben.

Carson McCullers gelingt es in jenem Frühjahr und Sommer 1967 nicht mehr, ihre Erinnerungen zu vollenden; der nächste Schlaganfall bringt den Tod. Sie stirbt am 29. September desselben Jahres. Erst 32 Jahre später wird ihre Autobiografie publiziert. Es war der besondere Wunsch von Carson McCullers, dass mit ihren Memoiren auch jene »Kriegsbriefe« veröffentlicht werden, die sie in den Jahren 1944 und 1945 mit Reeves gewechselt hat: Es sind die ergreifenden Liebesbriefe eines geschiedenen Paares.

Werden Sie sich bemühen, Ihre Grillen zu beherrschen, um der Liebe Kraft zu verleihen?

Mary Wollstonecraft an Gilbert Imlay

[Hull,] Freitag, 12. Juni [1795]

Ich habe gerade den Ihrigen vom 9. erhalten, was, wie ich annehme, ein Versehen war, da er kaum so lange unterwegs gewesen sein kann. Die allgemeinen Bemerkungen zu Ihrem eigenen Gemütszustand erscheinen mir gerechtfertigt, so weit sie auch gehen; und ich werde es immer als eines der gröbsten Mißgeschicke meines Lebens ansehen, daß ich Ihnen nicht begegnete, bevor der Überdruß Ihre Sinne dermaßen gesättigt hat, beinahe so, als ob dem Gefühl und der Liebe jeglicher zarte Zugang zu Ihrem mitfühlenden Herzen versperrt wäre. Sie haben ein Herz, mein Freund, doch, getrieben vom Ungestüm niederer Gefühle, haben Sie in vulgären Ausschweifungen jene Befriedigung gesucht, die nur vom Herzen kommen kann.

Die gewöhnliche Sorte von Männern, die ich kenne, die bei guter Gesundheit sind und starke Gelüste haben, brauchen, da ihnen die Phantasie nie ihren Zauberstab leiht, Abwechslung, um den Ennui zu vertreiben, um Gelüste in Liebe zu verwandeln, gefestigt durch entsprechende Rechtfertigung. – Ach, mein Freund, Sie kennen das unbeschreibliche Entzücken nicht, die übergroße Wonne, die aus dem Einklang von Neigung und Begehren entsteht, wenn die ganze Seele und die Sinne sich einer lebhaften Phantasie hingeben, die jede Empfindung vornehm und leidenschaftlich werden läßt. Ja, das sind Emp-

findungen, über die die Sattheit keine Macht hat, und die in der Erinnerung, sogar bei Enttäuschungen, nicht ihren Zauber verlieren. Doch es gibt sie nicht ohne Selbstverleugnung. Solche Gefühle, mehr oder weniger stark, erscheinen mir als ein wesentliches Merkmal des Genius, die Grundlage des guten Geschmacks und der Empfänglichkeit für die Schönheiten der Natur, von denen die gewöhnliche Horde von Essern und Trinkern und Kindeserzeugern *gewißlich keinerlei Vorstellung hat. Sie werden die Idee, die mir gerade einkam, sicherlich belächeln: Ich halte die Geister für die größten und schöpferischsten, denen die Phantasie als Anreiz für die Sinne dient.*

Nun gut, werden Sie fragen, zu welchem Ergebnis führen alle diese Gedanken? Nun, ich kann nicht umhin zu glauben, daß es Ihnen möglich sein wird, da Sie doch über große Geisteskraft verfügen, zur Natur zurückzukehren und die geistig gesunde Verfassung und die Reinheit des Empfindens wiederzuerlangen, welche mir Ihr Herz öffnen werden – Ich würde gern daran ruhen!

Doch mehr als je zuvor überzeugt von der Aufrichtigkeit und Zärtlichkeit meiner Liebe zu Ihnen, sind die ungewollten Hoffnungen, die mit dem Entschluß zu leben aufs neue entstanden sind, nicht stark genug, um die Wolke aufzulösen, in die meine Verzweiflung Zukünftiges gehüllt hat. Ich betrachtete die See und auch mein Kind, und ich wagte dabei kaum, mir selbst den geheimen Wunsch einzugestehen, sie möge unsere Grabstätte werden, und das Herz, noch immer so dem Schmerz ausgeliefert, möge dort im Tode Ruhe finden. In diesem Augenblicke wollen sich Tausende verworrene Empfindungen Luft machen, lasten schwer auf meinem Herzen und trüben mir den Blick.

Werden wir uns jemals wieder begegnen? Und werden Sie sich bemühen, daß diese Begegnung erfreulicher wird als die letzte? Werden Sie sich bemühen, Ihre Grillen zu beherrschen, um der Liebe Kraft zu verleihen und um den zurückgehaltenen Empfindungen freien Lauf zu lassen, welche nach Absicht der Natur Ihr Herz weiten sollten? Ich kann wirklich nicht ohne Schmerz in der Seele daran denken, daß Ihr Herz beständig vergiftet wird, und bitter sind die Tränen, die meinen Augen entströmen, wenn ich daran denke, warum mein Kind und ich gezwungen sind, fern von dem Zufluchtsort umherzuirren, in dem ich nach so vielen Stürmen Ruhe zu finden gehofft hatte, lächelnd über das böse Schicksal. – Dies ist kein gewöhnliches Leid, und Sie können vielleicht auch nicht ermessen, wieviel seelische Fassung es erfordert, sich unaufhörlich damit zu plagen, die Pfeilspitzen der Enttäuschung abzustumpfen.

Finden Sie es nun selbst heraus und verschaffen Sie sich darüber Gewißheit, ob Sie in einer gewissen Seßhaftigkeit leben können. Unser Vertrauen in die Zukunft soll grenzenlos sein; bedenken Sie, ob Sie es als notwendig erachten, mich zu opfern für das, was Sie »Lebensfreude« nennen, und wenn Sie dann eine klare Vorstellung haben von Ihren eigenen Beweggründen, von Ihren eigenen Handlungsantrieben, täuschen Sie mich nicht!

Der Gedankengang, den die Niederschrift dieser Epistel angeregt hat, macht mich so elend, daß ich ein paar Schritte gehen muß, um meinen Geist zu ermuntern und zu beruhigen. Doch vorerst lassen Sie mich Ihnen sagen, daß Sie, wenn Sie wirklich mein Glück wollen, darum bemüht sein müssen, mir so viel, wie Sie können, von sich selbst zu geben. Sie haben große geistige Kräfte, und Ihr Urteil scheint mir so gerecht, daß es nur das Opfer Ihrer Neigung wird, wenn Sie ein bestimmtes Thema erörtern.

Die Post geht heute nicht hinaus. Morgen schreibe ich vielleicht gelassener. Ich weiß nicht, wann das Schiff lossegeln wird, das ich für meine Abreise vorgesehen habe. [...]

Ihre sehr ergebene Mary

Wenn es günstigen Wind gibt, hält der Kapitän unsere Abfahrt am Montag für möglich, doch ich befürchte, wir werden noch einige Tage länger aufgehalten werden. Schreiben Sie mir auf jeden Fall weiterhin (ich brauche diese Hilfe), bis Sie Gewißheit haben, daß ich an einem Ort bin, an dem ich keine Briefe erwarten kann. Falls welche nach meiner Abreise eintreffen sollten, wird sie mir ein Gentleman, der mir große Gefälligkeiten erwiesen hat, nachsenden.

Schreiben Sie mir bei jeder Gelegenheit! Mich verlangt danach zu erfahren, wie sich Ihre Angelegenheiten entwickeln, und mehr noch, die Gewißheit zu haben, daß sie sich nicht von uns abwenden. Denn mein kleiner Liebling ruft ständig nach dem Papa und sagt dazu ihr Plapperwort: Komm, komm! – Und wollen Sie denn nicht kommen, so daß wir uns umeinander bemühen können? Ich werde meine ganze Lebenskraft zurückgewinnen, wenn ich davon überzeugt bin, daß meine Anstrengungen uns enger zusammenführen werden.

Noch ein Lebewohl!

❦

»Hyäne im Unterrock«, »gottlose Amazone der Revolution«, zürnte die Männerwelt, als Mary Wollstonecraft 1792 ihre Streitschrift zur *Verteidigung der Rechte der Frau* veröffentlichte. Eine Frau hatte es gewagt, in eine Männerdomäne vorzudringen, öffentlich sozialpolitische Thesen zu präsentieren, und dann auch noch solche, die den Anspruch auf Gleichberechtigung der Geschlechter formulierten. Das machte sie auch über die Grenzen Englands bekannt und zur Vorreiterin der Frauenbewegung.

Was sie theoretisch zu Papier gebracht hatte, wollte sie auch in ihrer Beziehung verwirklicht sehen. Der amerikanische Geschäftsmann und Schriftsteller Gilbert Imlay sollte der Mann sein für eine gleichberechtigte Partnerschaft auf emotionaler wie auf geistiger Ebene. Für ihren Lebensunterhalt sorgte sie, seit sie neunzehn war, selbst. Doch Imlay konnte oder wollte dem hohen Anspruch nicht gerecht werden. Trotz eines gemeinsamen Kindes entzieht er sich, weicht aus und beginnt ein Verhältnis mit einer anderen Frau. Die »Pfeilspitzen der Enttäuschung« treiben Mary in eine tiefe Schwermut und in einen Selbstmordversuch. Imlay, noch immer nicht bereit, eine klare Entscheidung zu treffen, schlägt ihr eine Reise zur Ablenkung und Erholung vor. Im Juni 1795 sitzt nun Mary Wollstonecraft mit ihrer Tochter und dem Kindermädchen in der britischen Hafenstadt Kingston upon Hull – kurz Hull genannt – und wartet auf die Abreise nach Schweden. Unterwegs schreibt sie Briefe, private und öffentliche. Letztere fasst sie später unter dem Titel *Reisebriefe aus Südskandinavien* zu einem Buch zusammen. Auch diese Briefe richten sich indirekt an den treulosen Geliebten. Die Gefühle für ihn drängen sich immer wieder zwischen die Schilderungen von Land und Leuten. Noch immer hofft sie, einen Sinneswandel bewirken zu können – hofft, dass Imlay »zur Natur zurückkehren« und die »Reinheit des Empfindens wiedererlangen« werde, um ihr sein Herz zu öffnen. Seine Antwortbriefe geben dieser Hoffnung wenig Nahrung. Bei ihrer Rückkehr muss sie feststellen, dass Imlay sein Herz bereits wieder für eine andere geöffnet hat. In einem neuerlichen Anfall von Verzweiflung stürzt sie sich in die Themse. Bootsleute retten sie aus dem Wasser.

Ein Jahr später findet sie in dem Schriftsteller William Godwin das, was sie so lange gesucht hatte. Sie schließt mit ihm den Ehebund und bekommt 1797 eine zweite Tochter. Am 10. September desselben Jahres stirbt Mary Wollstonecraft an den Folgen der schweren Geburt. Als sie den Tod suchte, wurde sie gerettet. Als sie glücklich war, kam der Tod. Die *Reisebriefe* sind das letzte Werk, das zu ihren Lebzeiten veröffentlicht wurde.

Auf dem Friedhof gestern wollte es mir nicht gelingen, die in den Stein gemeißelten Worte »Pierre Curie« zu begreifen

Marie Curie an Pierre Curie

[Paris, nach dem 19. April 1906]

Pierre, mein Pierre, da liegst Du, bleich wie ein armer Verwundeter, der schlafend mit verbundenem Kopf ruht, Dein Gesicht ist sanft und friedlich, Du bist es noch, in einem Traum befangen, aus dem Du nicht mehr erwachen kannst. Deine Lippen, die ich einst genäschig nannte, sind bleich und entfärbt. Dein Bart ist ergraut. Dein Haar ist kaum zu sehen, denn da beginnt die Wunde, und rechts, oberhalb der Stirn, sieht man den Knochen, der gesprengt worden ist. Oh! wie weh hat es Dir getan, wie hast Du geblutet, Deine Kleider sind von Blut überströmt. Wie schrecklich war der Stoß, dem Dein armer Kopf ausgesetzt war, den ich so oft streichelte und zwischen meine Hände nahm. Ich habe Deine Lider geküßt, die Du schlossest, damit ich sie küssen konnte, wenn Du mir Deinen Kopf mit einer vertrauten Bewegung zuwandtest …

Wir haben Dich am Samstagmorgen in den Sarg gelegt, und ich habe dabei Deinen Kopf gestützt. Wir haben Dein kaltes Gesicht zum letzten Mal geküßt. Dann haben wir Immergrün aus dem Garten in den Sarg getan und mein kleines Bild, das Du »die kleine brave Studentin« nanntest und das Du liebtest. Es war das Bild, das Dich ins Grab begleiten sollte, das Bild derjenigen, die das Glück hatte, dir so zu gefallen, daß Du es dir nicht überlegtest, ihr anzubieten, Dein Leben mit ihr zu teilen, nachdem Du sie nur einige Male gesehen hattest. Du hast es mir oft gesagt, daß es das einzige Mal in Deinem Leben war, wo Du gehandelt hattest, ohne zu zaudern, in der unbedingten Überzeugung, das Richtige zu tun. Mein Pierre, ich glaube, daß Du Dich nicht geirrt hast. Wir waren geschaffen, um miteinander zu leben, und unsere Vereinigung mußte Wirklichkeit werden.

Dein Sarg ist geschlossen, und ich sehe Dich nicht mehr. Ich will nicht, daß man ihn mit dem grauenhaften schwarzen Zeug bedeckt. Ich bedecke ihn mit Blumen und setze mich zu ihm …

Man kommt, um Dich zu holen, alle sind traurig, ich sehe sie an, ich spreche mit keinem. Wir begleiten Dich nach Sceaux und sehen, wie Du in das große tiefe Loch hinabgesenkt wirst. Dann der fürchterliche Aufmarsch der Menschen. Man will uns fortführen. Wir leisten Widerstand, Jacques [Pierres Bruder] und ich wollen bis zum Schluß bleiben, man schaufelt das Grab zu, man legt die Blumen darauf, alles ist zu Ende. Pierre hält unter der Erde seinen letzten Schlummer, alles ist zu Ende, alles, alles …

7. Mai [1906]

Mein Pierre, ich denke immerwährend an Dich, es zersprengt mir den Kopf und trübt mir die Vernunft. Ich begreife nicht, daß ich von nun an leben soll, ohne Dich zu sehen, ohne dem lieben Gefährten meines Lebens zuzulächeln.

Seit zwei Tagen sind Blätter an den Bäumen, und der Garten ist schön. Am Morgen habe ich mich dort an den Kindern erfreut. Ich habe mir gedacht, daß Du sie schön gefunden und daß Du mich gerufen hättest, um mir das blühende Immergrün und die Narzissen zu zeigen. Auf dem Friedhof gestern wollte es mir nicht gelingen, die in den Stein gemeißelten Worte »Pierre Curie« zu begreifen. Die Schönheit der Gegend tat mir weh, und ich zog den Schleier über das Gesicht, um alles durch ihn zu sehen …

❦

Paris, 19. April 1906. Ein kalter, stürmischer Nachmittag. Professor Pierre Curie ist auf dem Rückweg von einer Besprechung mit Forscherkollegen im Institut de France. Den Regenschirm aufgespannt, läuft er in Richtung Seine. In Gedanken ist er bei seinen Radium-Experimenten, die er zusammen mit seiner Frau Marie Curie anstellt. Drei Jahre zuvor war den Curies für ihre Arbeiten über die Radioaktivität der Nobelpreis für Physik verliehen worden. Pierre Curie biegt in die Rue Dauphine ein, die vom Geschrei der Droschkenkutscher erfüllt ist. Er überquert die Straße, das von links kommende Pferdefuhrwerk sieht er nicht. Dann geht alles ganz schnell: Er prallt mit dem Pferd zusammen, rutscht auf dem feuchten Pflaster aus, fällt zu Boden, sein Kopf wird von den Hinterrädern der Kutsche erfasst, die Schädeldecke bricht auf. Der Tod tritt auf der Stelle ein.

Anstelle ihres heimkehrenden Mannes empfängt Marie Curie die Nachricht von seinem tödlichen Unfall. Das Unglück scheint ihr unfassbar, fast zerbricht sie daran. Das Ehepaar galt als unzertrennlich – seit über elf Jahren hatten sie zusammengelebt und -gearbeitet. Die meiste Zeit verbrachten sie miteinander in ihrem »Laboratorium«, einem Schuppen auf dem Gelände des Pariser Instituts für Physik; in den Nachtstunden leuchtete das Gebäude vom blauen Schimmer des Radiums.

Um ihrem Schmerz Ausdruck zu verleihen, legt Marie Curie ein Tagebuchheft an – und füllt es mit Briefen an den Verstorbenen. Den Tag der Beerdigung und ihre fortwäh-

Marie und Pierre Curie in ihrem Labor, vermutlich um 1902.

rende Trauer, ihre Arbeit, ihren Alltag mit den beiden gemeinsamen Kindern und die blühenden Heckenrosen im Garten: Über all das hält Marie Curie ihren Pierre auf dem Laufenden, über Jahre hinweg. Es hilft ihr, mit dem Schmerz fertigzuwerden. Und sie macht sich den einstigen Ausspruch ihres Gatten zu eigen: »Was immer geschieht, und sollte man wie ein entseelter Körper zurückbleiben, es heißt trotz allem: arbeiten.« Sie wird auf den Lehrstuhl ihres Mannes an der Sorbonne berufen und führt seine Vorlesung fort. Und sie beginnt mit ebenjenem Satz, mit dem Pierre Curie vor seinem Tod aufgehört hat. 1911 erhält Marie Curie ein zweites Mal den Nobelpreis, diesmal den für Chemie, als Anerkennung für die Entdeckung des Radiums. Bis zu ihrem Lebensende wird ihr Leben der Arbeit geweiht sein. 1934 stirbt sie im Alter von 66 Jahren an Leukämie, wahrscheinlich die Folge ihres langjährigen Umgangs mit radioaktiven Stoffen. 1995, über sechzig Jahre nach Maries Tod, wird dem Ehepaar Curie eine besondere posthume Ehrung zuteil: Ihre sterblichen Überreste werden in einer feierlichen Zeremonie ins Pariser Panthéon überführt.

Stell Dir vor, wie wir zusammen tänzeln und tändeln werden, aber wie zwei werbende Schmetterlinge, ohne uns je sehr nahe zu kommen

Virginia Woolf an Vita Sackville-West

[London,] 52 Tavistock Sqre
23. März 1927

Liebster Schatz,

geht es Dir gut? Hat die Wanderung Dir gefallen? Wurdest Du ertränkt, erschossen, vergewaltigt, ermüdet? Heiland! Ich würde eine Menge dafür geben, es zu wissen. Aber das Dumme ist, daß ich schreibe, bevor Du Teheran auch nur verlassen hast, nehme ich an. Was ich als Vergangenheit behandle, liegt alles in der Zukunft. Aber für Dich, die Du das hier liest, ist es vorbei. Alles sehr verwirrend, und gebe Gott, daß ich Dir nie wieder nach Persien schreiben muß.

Wie Du lachen würdest, wenn Du mich reglos daliegen sehen würdest, wie ich mich von zwei Tagen mit erhöhter Temperatur erhole – alles zurückzuführen auf Impfungen, und auf meine Prinzipien – ich weiß, ich verdiene es. Ich habe Dich so leichtfertig dazu gedrängt – wie wenig ich Dich bemitleidet habe – und jetzt wirst Du mich auslachen. Wie ich mir wünsche, Du würdest in diesem Augenblick ins Zimmer spazieren und so viel lachen wie Du willst.

Wieso denke ich so unaufhörlich an Dich, sehe Dich so deutlich, kaum daß ich mich auch nur im geringsten unpäßlich fühle? Ein seltsames Element in unserer Freund-

schaft. Wie ein Kind denke ich, wenn Du hier wärst, wäre ich glücklich. Als ich neulich abend mit Lytton redete, bat er mich plötzlich, ihm einen Rat in Liebesdingen zu geben – ob es besser ist weiterzugehen, über den Rand des Abgrunds hinaus, oder knapp davor stehenzubleiben. Stehenbleiben, stehenbleiben! rief ich, da ich sofort an Dich dachte. Was würde passieren, wenn ich mir selbst darüber hinaus zu gehen erlaubte? Beantworte mir das. Über was hinaus? wirst Du sagen. Einen Abgrund namens V. […]

Sonntag 27ter

Die Bazillen verschwinden allmählich: also brauchst Du nicht mehr zu lachen. Aber ich bin vorsichtig wie eine Katze auf Eiern vor Angst, daß ich am Mittwoch nicht aufbrechen könnte – Du weißt, wie Leonard ist. […]

Millionen von Dingen müssen erledigt werden, bevor wir aufbrechen. Die Frage des Buchladens stellt sich aufs neue – wir könnten ihn sehr wahrscheinlich bekommen. Ich mußte Röcke kaufen, Hüte, Schuhe, Schachteln, Regenmäntel. Ich finde mich in der falschen Abteilung wieder. Ich träume. Ich schlendere umher. Leute trampeln auf mir herum – bei Marshall and Snelgroves fügen sie einem die gräßlichsten Beleidigungen zu. Es ist demütigend, in der Abteilung für Babysocken zu sein, wenn man Damenhandtaschen will. Der Dr. war da und weigert sich vehement, mir eine weitere Dosis zu geben. Also werde ich halb geimpft fahren; aber ich habe mich trotzdem für meine Prinzipien stark gemacht. Ich bin bei robuster Gesundheit. Ich werde so aufgeregt, träume von Paestum, Segesta, der Campagna, Palermo, dem ersten Blick auf Sizilien und so weiter. […] Deine Mutter schreibt mir lange

Briefe auf Papierstreifen mit Löchern in den Ecken über Liebe und Tod und Dich und die Ebury Street und Geld. Ich antworte gebührend – jetzt mehr 19tes als 18tes Jahrhundert: verschwenderisch, romantisch. Stell Dir vor, wie wir zusammen tänzeln und tändeln werden, aber wie zwei werbende Schmetterlinge, ohne uns je sehr nahe zu kommen.

Dienstag [29. März]

Oh verdammt, Vita – überhaupt kein Brief. Das ist die erste Post, die Du verpaßt hast, seit Du weg bist. Und für mich die schlimmste, weil ich jetzt nichts hören werde bis weiß der Himmel wann – was kann passiert sein? Krankheit? Aber dann hättest Du geschrieben und nichts gesagt: oder ich hätte etwas gehört. Ich nehme nicht an, daß Du verärgert bist. Dann mußt Du auf eine Expedition gegangen sein, oder die Post ist spät dran. Und ich fahre morgen ganz früh los, ohne ein Wort. Ich versichere Dir, dies macht mich ziemlich traurig. Du scheinst im Augenblick völlig verschwunden zu sein. Ich werde nach Zypern schreiben. Du scheinst weg zu sein, weg, für immer. Aber lieber Schatz, schreib trotzdem an den Tavistock Sqre, und verzeih diesen abscheulich gekritzelten Brief. Sie werden alles nachschicken.

Bist Du gesund? Bist Du glücklich?

(Nein, ich nehme keinen Augenblick lang an, daß Du verärgert bist – es ist die Bosheit des Schicksals, das ist alles: und ich wette, ich werde mit der gewöhnlichen Post am Mittwoch von Dir hören)

Deine Virginia

»Jedenfalls war ich in den letzten zwei Jahren Beobachterin eines Dutzends Affairen des Herzens – heftig und wesentlich; und komme zu dem Schluß, daß die Liebe eine Krankheit ist; ein Wahn; eine Seuche!« Virginia Woolf, die immer wieder unter psychotischen Schüben litt, fürchtete den Wahnsinn. Den Liebeswahn aber hielt sie für etwas, das nur den anderen zustieß und junge Männer und Frauen auf »Abgründe der Mittelmäßigkeit« reduzierte. Ihre Ehe mit Leonard Woolf war vor allem eine Gemeinschaft zweier verwandter Geister und Basis für eine kreative Arbeitsatmosphäre zu beiderseitigem Nutzen. Die Nächte verbrachten sie in getrennten Schlafzimmern.

An eine lesbische Beziehung hatte Virginia nicht einmal gedacht, und doch ist es eine Frau, die ihre leidenschaftliche Seite zum Vorschein bringt und ihr eine Vorstellung von den sinnlichen Freuden der Liebe vermittelt: Vita Sackville-West, eine junge, schöne Aristokratin, ebenfalls Schriftstellerin und Autorin der Hogarth Press, des gemeinsamen Verlags der Woolfs. Vita ist verheiratet mit dem Diplomaten Harold Nicolson, lebt jedoch ihre lesbischen Neigungen ebenso offen aus, wie ihr Ehemann keinen Hehl aus seiner Liebe zu Männern macht. Die zartbesaitete Virginia, die zumeist zurückgezogen lebt und voller Unsicherheiten und Ängste steckt, bewundert Vitas ungezwungene Weiblichkeit und die Sicherheit, mit der sich die zehn Jahre Jüngere durch die Welt bewegt. Vita ihrerseits bewundert Virginias Intelligenz und ihr künstlerisches Potenzial. »Ich bete Virginia ganz einfach an«, schreibt sie ihrem Mann, »und Du würdest das auch tun. Ihr Charme und ihre Persönlichkeit würden Dich niederstrecken.« Beide suchen sie die Nähe der anderen und beieinander das, was sie selbst an sich vermissen. Virginia unterstützt die Freundin in ihrem literarischen Schaffen, ist ihr Kritikerin und Mentorin. Außerhalb der Welt des Schreibens ist Vita die Überlegene, Fürsorgliche und Beschützende.

Die lange Abwesenheit der Freundin, die mit ihrem Mann durch Persien reist, ist für Virginia nur schwer erträglich. Sehnsuchtsvoll wartet sie auf Post. Die freundschaftliche Verbundenheit vermischt sich für sie zunehmend mit leidenschaftlichem Begehren und zugleich mit der Angst vor der Hingabe: »Ein Abgrund namens V.« Für beide liegt der Wunsch nach Nähe im Widerstreit mit dem nach Unabhängigkeit – »wie zwei werbende Schmetterlinge, ohne uns je sehr nahe zu kommen«. Aus der Erkenntnis heraus, dass ihre Liebessehnsucht gegenüber Vita unerfüllt bleiben wird, verlagert Virginia die Auseinandersetzung mit ihr auf die literarische Ebene und macht daraus einen Roman. Vita wird zu *Orlando* – der Roman wird eine Hommage an die Freundin, ein literarisches Denkmal, von dem Vita berührt und geschmeichelt ist. Für Virginia geht der schöpferische Prozess einher mit einer Distanzgewinnung zur realen Vita. Die Veröffentlichung des Romans am 11. Oktober 1928 ist zugleich auch das Ende ihrer Liebesbeziehung. *Orlando* wird ein großer Erfolg, und die »Affaire des Herzens«, die »Krankheit Liebe« ist überstanden.

Heute morgen erwachte ich in meinem Mahagonibett wie eine Braut

Paula Modersohn-Becker an Otto Modersohn

Paris, den 3. März 1903

Heute morgen erwachte ich in meinem Mahagonibett wie eine Braut, denn gestern abend beim Schlafengehen, als ich schon die Lampe gelöscht hatte, wurde mir noch Dein Brief hereingereicht.

Lieber, das war eine Seligkeit. Ich las alle Deine Worte ganz langsam, ein jedes für sich, und ließ sie sanft und lieblich über mich hinströmen und sonnte mich in ihnen und lachte über sie und freute mich in Dir.

Ja, mein König, Dir gehört mein All, Dir weihe ich es. Nimm alles in Deine lieben Hände. Und wenn der Frühling über unsern schönen Berg ziehet, dann wollen wir uns in Liebe vereinen.

Lieber, mir war es wie Dir. Auch ich wollte nicht soviel von unserer Liebe schreiben, um uns die Trennung nicht so schwer zu machen. Nun ist es aber doch wunderschön, daß wir uns einmal zwischendurch alles Liebe gesagt haben, dann geht hinterher das Schweigen davon wieder leichter.

Weißt Du, ich spreche so oft von Dir, als ich nur kann. Mit Rilkes läßt sich das gar nicht so gut machen, die hören nur halb zu, die sind zu sehr mit sich selbst beschäftigt. Da erzähle ich nun meinem Garçon, der aus der Bretagne ist, viel von Dir und was Du für schöne Bilder maltest. Neulich wollte ich ihm besonders imponieren und zeigte ihm Dein Bild in der Monographie. Da fand er Dich aber gar nicht schön. Da wurde ich ärgerlich und sagte: Du hät-

test einen roten Bart und das andere Gesicht sähe so fein dazu aus. Und für mich selbst dachte ich in Stille und Innigkeit an Deine lieben Hände und an Deine Seele. Davon sprach ich ihm aber nicht, denn ich merkte doch, daß ich an die falsche Adresse gekommen war, und hatte ein etwas verächtliches Gefühl gegen ihn.

Und wie ist es mit Deiner Reise? Ich will Dich in keiner Weise bestimmen, aber diese farbigen Zeichnungen Rodins wären, glaube ich, auch für Dich ein großes Erlebnis. Zu sehen, wie weit man gehen kann, ohne sich um das Publikum zu kümmern. Weißt Du, es ist ein ähnlicher Mut, wie ihn Rembrandt seinerzeit in seinen Radierungen ausgesprochen hat.

❦

»Ich weiß, ich werde nicht sehr lange leben«, schreibt die 24-jährige Paula Modersohn-Becker im Juli 1900 in ihr Tagebuch. »Aber ist das denn traurig? Ist ein Fest schöner, weil es länger ist?« Paula Modersohn-Beckers Fest – als Ehefrau, als Künstlerin und erst recht als Mutter – ist kurz. Aber sie lebt intensiv, begierig, das Dasein mit jedem Atemzug in sich aufzusaugen. »Ja, ich sitze im Glück, tief und sanft, und das Leben umweht mich süß«, heißt es an einer anderen Stelle im Tagebuch. Ihr Leben ist wie ein großes Fest, und sie bannt es als solches auf die Leinwand. Stark und kraftvoll sind ihre Farben, ihre Figuren, ihre Bilder. Sie ist das Wichtigste in ihrem Leben: die Malerei. Im Kreis der Worpsweder Künstler, wo sie sich mit zwanzig Jahren niederlässt, findet sie ihren Lebensmittelpunkt. Dort lernt sie auch Otto Modersohn kennen und wird im Mai 1901 seine Braut. Das Kinderkriegen schieben sie noch eine Weile auf, aber das Thema Mutter und Kind beschäftigt Paula immer wieder. Viele Porträts von Müttern entstehen, das Kind im Arm oder an der nackten Brust. In froher Erwartung malt sie sich 1906 selbst, nackt, mit gerundetem Bauch in ihrem *Selbstbildnis am sechsten Hochzeitstag*. Dabei fiel jener Hochzeitstag in ihr Trennungsjahr.

Im Februar 1906 brach Paula zu ihrer dritten Reise nach Paris auf. Worpswede und ihre Ehe waren ihr zu eng geworden. Die Liebe zu Otto, einst »leuchtend und still und minnig«, war erloschen. »Ja, mein König, Dir gehört mein All«, hatte sie ihm sechs Jahre zuvor aus Paris geschrieben. Doch nun heißt es: »Es ist vieles von Dir, was alles in mir wohnte und was mir entschwunden ist. Ich muss warten, ob es je wieder kommt oder ob etwas anderes dafür wiederkommt.« Ob die Liebe »wiedergekommen« ist? Ob es ihr einfach nicht gelang, sich den Vorstellungen von bürgerlicher Moral zu entziehen? Oder es schlicht um die Einsicht ging, dass eine Frau ihren Lebensunterhalt allein nur schwer verdienen konnte, zumal als Künstlerin? Was auch immer der Grund für ihren Sinneswandel gewesen sein mag, gemeinsam mit Otto kehrt sie nach Worpswede zurück. Im siebenten Jahr wird beider Ehebund noch einmal besiegelt: Paula ist nun wirklich schwanger. Am 2. November 1907 kommt die gemeinsame Tochter Mathilde zur Welt. Im Wochenbett stirbt Paula Modersohn-Becker am 20. des Monats im Alter von 31 Jahren an einer Embolie. Ein Familienbrief schildert, wie sie neben dem zufriedenen, satten Kind im Kreise ihrer Familie sitzt und ihrem Glück Ausdruck verleiht: »Ach, wie freue ich mich, wie freue ich mich!«, soll sie gesagt haben. Plötzlich werden ihr die Füße schwer, ein paar röchelnde Atemzüge – sie sagt leise: »Wie schade!« Und stirbt …

In ihrer kurzen Künstlerlaufbahn schuf Paula Modersohn-Becker mehr als 700 Gemälde und etwa 1000 Zeichnungen. Zwanzig Jahre nach ihrem Tod eröffnete 1927 in Bremen das Paula Modersohn-Becker Museum, das ganz ihrer Kunst gewidmet ist.

Aber verdiene ich Ihre Liebe, wenn ich Ihnen nicht mein Leben gebe?

Simone de Beauvoir an Nelson Algren

Mittwoch [23. Juli 1947]

Mein einzig Geliebter,

keine weiteren Briefe von Ihnen, ich hatte ja letzte Woche zwei erhalten; ich habe also die alten noch einmal gelesen. Wissen Sie, ich mißbillige Ihre Spiel-Leidenschaft nicht so sehr. Wenn Sie tagsüber wirklich arbeiten, warum nicht? Wichtig ist nur, daß Sie gut arbeiten, wenn Sie arbeiten; wenn Sie damit fertig sind und sich entspannen wollen, können Sie machen, was Sie wollen. Ich ziehe es vor, einen zu trinken, aber das ist nicht besser als zu spielen, weder besser noch schlechter. Ich glaube, ich trinke zur Zeit ein bißchen viel, weil ich Sie so sehr vermisse. Ich hätte nicht geglaubt, daß es so kommen würde. Nelson, Liebling, Sie sind der liebenswürdigste Mann der Welt, es ist so nett, daß Sie, wie Sie sagen, alles gut für meine Rückkehr vorzubereiten wünschen – aber lassen Sie es beim Wunsch. Was sonst? Wenn Sie am Leben sind und mich immer noch lieben, was sonst verlangen? Sie sollen nichts machen. Nun. Wenn Sie für zehn Dollar ein Auto kaufen und fahren könnten, wäre es schön, aber mit Bussen und Flugzeugen, oder nur mit Bussen ohne Flugzeuge, mit Steaks und Mais in der kleinen Küche oder auch nur mit Mais ohne Steaks werden wir glücklich sein, nicht wahr? Sie wissen, ich bin nicht anspruchsvoll, ich kann von Brot und Kartoffeln leben, von Luft und Liebe. Kümmern Sie sich um nichts.

Es ist wahr, in gewisser Weise habe ich etwas Angst. Heute nachmittag habe ich Sartres Film gesehen, er ist inzwischen fertig und ziemlich gut, aber nicht so gut, wie er hätte sein können. Macht nichts, das ist nicht der springende Punkt. Der springende Punkt ist, daß die Geschichte mich etwas aufgewühlt hat. Sie handelt von einem toten Mann und einer toten Frau, die sich begegnen und sich verlieben. Da sie sich lieben, erhalten sie die Erlaubnis, auf die Erde zurückzukehren: wenn es ihnen gelingt, aus dieser Liebe eine reale, lebendige, menschliche Liebe zu machen, dürfen sie noch einmal ein ganzes menschliches Leben leben; wenn nicht, werden sie erneut sterben. Sie scheitern. Es ist sehr bewegend, und ich dachte an Sie und an mich. Wir lieben einander durch Erinnerungen und Hoffnungen hindurch, über die Entfernung hinweg und durch Briefe: wird es uns gelingen, aus dieser Liebe eine glückliche, lebendige, menschliche Liebe zu machen? Es muß uns gelingen. Ich glaube, es wird uns gelingen, aber es wird nicht so leicht sein. Nelson, ich liebe Sie. Aber verdiene ich Ihre Liebe, wenn ich Ihnen nicht mein Leben gebe? Ich habe versucht, Ihnen zu erklären, warum ich Ihnen mein Leben nicht geben kann. Verstehen Sie es? Haben Sie deshalb keinen Groll? Niemals? Werden Sie trotzdem immer glauben, daß es wirklich Liebe ist, was ich Ihnen gebe? Vielleicht sollte ich diese Fragen nicht stellen, es tut mir weh, sie so brutal zu stellen. Aber ich kann nicht ausweichen, ich stelle mir diese Fragen selbst. Ich will Sie nicht belügen, Ihnen nichts verheimlichen. Ich glaube, ich bin seit zwei Monaten so aufgewühlt, weil eine Frage mein Herz bewegt und peinigt: Ist es richtig, etwas von sich hinzugeben, wenn man nicht bereit ist, alles zu geben? Darf ich ihn lieben und ihm sagen, daß ich ihn liebe, ohne die Absicht zu haben, ihm mein ganzes Leben zu geben, wenn er mich darum bitten würde? Wird er mich je hassen? Nelson, mein Liebster, es wäre leichter für mich, diese Fragen nicht aufzuwerfen, es wäre leicht, da Sie es nicht getan haben, aber Sie sagten so nett, wir könnten uns niemals belügen und nie etwas voreinander verschweigen. Ich würde jede Art von schlechtem Gefühl, von Enttäuschung, von Groll zwischen uns verabscheuen. Nun, jetzt ist es geschrieben, gut so. Antworten Sie nicht, wenn Sie nicht möchten, wir sprechen darüber, wenn wir uns wiedersehen. Sie erinnern sich, ich sagte Ihnen einmal, wie sehr ich Sie achte: deshalb habe ich diese Seite geschrieben. Ich glaube nicht, daß Sie mich um mein Leben bitten werden, aber folgendes: wir wissen nicht, was geschehen wird, wenn wir uns wiedersehen, ich weiß nur, daß ich Ihnen, was immer auch geschehen mag, niemals alles werde geben können, und ich habe deswegen ein ungutes Gefühl.

O Liebling, es ist die Hölle, so weit weg zu sein und sich nicht ansehen zu können, wenn man über so wichtige Dinge spricht. Fühlen Sie, daß es aus Liebe geschieht, wenn ich trotz allem versuche, die Wahrheit zu sagen, daß es mehr ist, als nur »ich liebe Sie« zu sagen? Fühlen Sie, daß ich Ihre Liebe genauso stark verdienen möchte, wie ich sie mir wünsche? Sie müssen diesen Brief mit einem sehr liebenden Herzen lesen, während mein Kopf auf Ihrer Schulter liegt. Vielleicht klingt er in Ihren Ohren sehr kindisch, da Sie bereits alles wissen, was ich schreibe. Aber heute abend konnte ich nicht anders, als ihn zu schreiben, unsere Liebe muß wahrhaftig sein, unser Wiedersehen muß gelingen. Ich hoffe auf Sie genauso wie auf mich. Was Sie auch denken mögen, küssen Sie mich sehr stark.

Ihre Simone

Simone de Beauvoir widmete ihr Leben der Philosophie, der Literatur, der Frauenbewegung und Jean-Paul Sartre. Die Liebe zu ihm war – wie sie es gemeinsam definiert hatten – eine »notwendige«, neben der es allenfalls eine »kontingente« Liebe geben konnte. Im Januar 1947 begegnet sie während einer Reise in die USA jedoch einem Mann, der dieses Gefüge ins Wanken bringt: dem amerikanischen Schriftsteller Nelson Algren. Algren, der sie in Chicago durch die Stadt führt, weiß nichts über die berühmte Beauvoir und die Bedeutung ihrer Werke. Er sieht in ihr lediglich eine Frau – die ihn fesselt und beeindruckt. Das Interesse ist gegenseitig. Auf der Rückreise nach Europa, nach nur wenigen Tagen, die sie einander kennen, schreibt ihm Simone: »Ich liebe Sie. Mehr ist nicht zu sagen.«

Es ist der Beginn eines langen Briefwechsels und einer großen Liebe. Mit einem silbernen Ring von Algren am Finger kehrt Simone nach Paris zurück, zurück zu Jean-Paul Sartre. Nach ihm richtet sich in Zukunft, wann und wo sie Algren treffen wird. Doch der will mehr als eine Gelegenheitsliebe. Er will genau das, was Simone befürchtete: »sie um ihr Leben bitten«. Für Simone wäre das nicht nur eine Entscheidung für einen anderen Mann gewesen und für einen anderen Kontinent, sondern auch für ein anderes Selbst. Das Leben an der Seite von Jean-Paul Sartre, das Gefüge dieses »mächtigen« Intellektuellenpaares und der französische Existenzialismus waren ihre Heimstatt, ihr Nährboden, um das literarische und philosophische Werk zu schaffen, das sie so herausragend werden ließ. Für eine fortschrittliche, unkonventionelle und unabhängige Frau wie sie war eine leidenschaftliche Liebe, in der »Herz, Seele und Körper eins« waren, ein Glück, ein starker Gegenpol – aber doch kein Grund, das eigene Leben zu »verschenken«. Nelson Algren hat dies zunächst verstanden und akzeptiert. Für drei Jahre gelingt das Experiment einer »glücklichen, lebendigen, menschlichen Liebe«. Die Rolle der Ehefrau, die im Leben nicht infrage kam, spielte sie doch – in ihren Briefen an Algren. Dort ist sie seine »Frau« und er ihr »Mann«, ihr »Gatte«. Dennoch bleibt es beim »Sie«. Als es im Sommer 1950 zu einem ersten Zerwürfnis mit Algren kommt, schreibt sie an ihren eigentlichen »Gatten« Jean-Paul Sartre: »Ich bedaure nicht, daß diese Geschichte tot ist, denn ihr Tod war in dem Leben enthalten, das ich gewählt habe und das Sie mir geben.« Noch immer gehen Briefe an den »liebsten Liebling«, aber überwiegend heißt es: »Sie liebstes Monster« oder »Sie liebstes Biest«. Im dritten Band ihrer Memoiren, die 1963 unter dem Titel *Der Lauf der Dinge* erscheinen, formuliert Simone de Beauvoir noch einmal mit aller Deutlichkeit, dass Algren nur eine »kontingente« Liebe war. Dieser ist darüber höchst erbost und verbittert. Simones letztes »Erzählen Sie mir etwas von sich, liebes altes Biest« bleibt unbeantwortet. Er spricht nie wieder mit ihr.

Als Simone de Beauvoir im April 1986 auf dem Pariser Friedhof Montparnasse zu Grabe getragen wird, trägt sie Nelson Algrens Ring am Finger.

Im Traum schon sage ich Ihnen, daß ich Sie liebe!

Manon Balletti an Giacomo Casanova

[Venedig, 1757]

Ich will getreulich auf Ihren letzten Brief antworten; anfangs sprechen Sie sehr übertrieben von Ihrer Liebe zu mir; ich halte sie für aufrichtig, sie schmeichelt mir, und ich wünsche mir nur, daß sie mir immer erhalten bleibt – wird sie das? Ich weiß genau, daß Sie sich über meinen Zweifel empören werden, aber schließlich, mein lieber Freund, hängt es nicht allein von Ihnen ab, ob Sie aufhören, mich zu lieben oder mich immer liebbehalten? Aber lassen wir das, denn ich weiß, daß Ihnen solche Zweifel nicht sehr angenehm sind. Die besorgte Unsicherheit, die Sie wegen des Gelingens Ihrer Pläne zum Ausdruck bringen, schmeichelt mir, weil sie mir Ihre Liebe und das Verlangen beweist, mich in jeder Weise glücklich zu machen; ich versichere Ihnen, daß ich es sein werde, wenn ich Ihnen gehören kann und wenn Sie mir immer diese Zuneigung bewahren, die Sie mir zum Ausgleich für die meine schulden. Aber ich will keineswegs, daß Ihre Sorgen Sie sagen lassen, ich solle versuchen, Sie zu vergessen. Ich Sie vergessen, ich aufhören, Sie zu lieben, nachdem ich endlich den Mut gefunden habe, es Ihnen zu sagen? Ach, Sie kennen mich nicht! Wenn Sie wüßten, wie ich mich bemüht habe, die Neigung zu unterdrücken, die mich zu Ihnen zog. Als ich sie zuerst verspürte – jetzt kann ich es Ihnen sagen, weil es mir – zu meinem Glück oder Unglück – nicht gelungen ist –, hat mir das sehr viel unnützen Kummer be-

reitet. Anfangs glaubte ich, daß das Gefallen, das ich an Ihnen fand, nur eine einfache Freundschaft sei, sicher nicht mehr; ich unterhielt mich mit Ihnen besser als mit jedem andern, sagte mir jedoch, er ist heiter, er ist geistvoll, da ist das nicht weiter erstaunlich; dann aber wurde ich unruhig, und wenn ein Tag verging, ohne daß Sie kamen, war ich niedergeschlagen und merkte, daß ich in meinen Träumereien nur an Sie dachte. Ach, ich habe gezittert, als mir die Zuneigung zu Ihnen bewußt wurde, und Schrecken befiel mich. Was tue ich, fragte ich mich – bald heirate ich einen Mann, dem man meine Hand versprochen hat, dem ich mich selbst gewissermaßen verlobt habe, und ich lasse in mir eine Neigung zu einem Mann aufkommen, den ich vielleicht bald nie mehr sehen werde und der mich nicht liebt – denn damals glaubte ich wirklich, daß Sie mich nicht lieben. Was soll aus mir werden – wie unklug, wie lächerlich bin ich. Jemanden zu lieben, dem man gleichgültig ist, damit macht man sich selbst unglücklich; manchmal aber stellte ich mir vor, Sie könnten mich vielleicht doch lieben und wagten es nicht, mir ein Zeichen Ihrer Liebe zu geben, weil die Umstände es Ihnen nicht erlaubten! Alles hat sich geändert; da war ein Unglücklicher, der Sie veranlaßt hat, sich vollkommen zu verraten; ich habe Sie entlarvt, und das hat Sie meinem Herzen nur nähergebracht! Möge diese zärtliche Freundschaft, die wir füreinander empfinden, gedeihen, sie kann unser Glück oder unser Unglück sein, welche harte Alternative. Ist es so schwer, sich zu lieben? – Aber nun gute Nacht, mein lieber Freund, ich sterbe vor Müdigkeit; die Feder gleitet mir aus der Hand, meine Augen fallen mir zu. Doch ist das längst nicht alles, was ich Ihnen schreiben möchte, und ich will fortfahren – aber es hilft alles nichts, ich schlafe wirklich ein. Gute Nacht, gute Nacht, mein teurer Freund, behalten Sie mich immer recht lieb. Wenn Sie mir einen Gefallen tun wollen, so verbrennen Sie unsere Briefe! Im Traum schon sage ich Ihnen, daß ich Sie liebe!

❦

Eine Frau, die einen Casanova liebt, hat es schwer. Wie aber dürfte es einer Frau ergangen sein, die *den* Casanova liebte? Giacomo Girolamo Casanova hatte Theologie studiert, doch seine Priesterkarriere endete, als er betrunken von der Kanzel fiel. Er war Kardinalsekretär, Anwaltsgehilfe, Ritter, Fähnrich, Geheimagent, Orchestergeiger, Lotteriedirektor, Bibliothekar und Schriftsteller. Doch für die Nachwelt ist er vor allem der berühmteste Liebhaber der Welt, ein lebendig gewordener Don Giovanni. Weil er sogar mit Nonnen anbändelte und lästerliche Reden führte, wurde er wegen »Schmähungen gegen die heilige Religion« zu fünf Jahren Kerkerhaft verurteilt. Doch nach fünfzehn Monaten gelang ihm im November 1756 die Flucht aus Venedigs berühmten Bleikammern. Seine mütterliche Freundin Giovanna Rosa Balletti – damals unter dem Namen Silvia eine bekannte Schauspielerin – nahm ihn in ihr Haus auf. In die 17-jährige Tochter der Freundin, Maria Maddalena, genannt Manon, verliebte er sich. Das junge Mädchen stand kurz vor ihrer Hochzeit, als Casanova begann, ihr den Hof zu machen, und alles unternahm, die bevorstehende Eheschließung zu verhindern. Er selbst war 32 und in Liebesdingen bereits reichlich bewandert. Nicht ohne Furcht gab die Angebetete seinem Werben nach und erlebte ihr erstes Liebesglück. Alles begann heimlich, im nächtlichen Dunkel des Hauses tauschten sie Briefe aus, die sie sich allabendlich in der Abgeschiedenheit ihrer Zimmer schrieben. Casanova war vom außergewöhnlichen Liebreiz des jungen Mädchens so bezaubert, dass er ihr sogar die Ehe versprach.

Es blieb beim Versprechen. Manons Briefe erzählen vom unglücklichen Verlauf der Geschichte, von ihren Zweifeln an der Aufrichtigkeit seiner Liebe und von ihrem bald schon vergeblichen Warten auf sein Kommen und die Einlösung seines Versprechens. Ob es für Casanova nur ein Abenteuer war wie viele andere auch? »Sie werden sich bald nicht mehr erinnern, ob Sie mich geliebt haben; und ich, ich werde mich immer daran erinnern!«, prophezeit Manon dem abtrünnigen Verlobten. Doch er wird sich erinnern, und zwar ein Leben lang – an die endgültige Absage, die sie ihm erteilt. Manon sendet dem Geliebten all seine Briefe zurück und lässt ihn wissen, dass sie einen anderen heiraten wird. »Wenn Sie meine Briefe aufbewahrt haben, so erweisen Sie mir die Liebe und verbrennen Sie sie. Ich rechne auf Ihre Ehrenhaftigkeit. Denken Sie nicht mehr an mich«, schreibt sie ihm kühl. Ungefähr dreißig Jahre später beginnt Casanova mit der Niederschrift seiner Memoiren. »Ich öffnete den Brief (Manons) und glaubte vor Schmerz zu sterben«, berichtet er dort. »Gänzlich niedergeschmettert und kraftlos, bemühte ich mich, eine Tasse Fleischbrühe zu trinken, und legte mich dann mit einem Fieberanfall zu Bett, mich nach einem Schlaf sehnend, der aber nicht kam.« All das nur späte Nachwirkungen gekränkter Eitelkeit?

Als Casanova an seinen Memoiren schrieb, war Manon bereits seit einem Vierteljahrhundert tot. Sie war im Alter von 36 Jahren an einem Lungenleiden gestorben. Der französische Maler Jean-Marc Nattier hat ihre Schönheit für die Ewigkeit festgehalten. Sein zauberhaftes Porträt der Manon Balletti hängt heute in der Londoner National Gallery.

Ich vermisse Dich mehr, als sich mit Worten ausdrücken läßt

Janet Flanner an Natalia Danesi Murray

[Washington D.C., 20. Juni 1944]

Darling,

zum ersten Mal seit Du abfuhrst, leide ich kaum. Mein Zimmer hoch oben hat eine Aussicht auf den Park des Weißen Hauses und das Jefferson Memorial, wo wir gestanden haben, und ich habe immer einen Abzug von dem Foto bei mir: Es ist jetzt mein liebstes: Du an Deinem letzten Tag, hier, vor dieser großartigen Statue, bist immer bei mir. Ich fühle mich Dir sehr nah, da ich Dich an diesem Ort besser erinnere als zuvor. Ich weiß nicht warum, aber es stimmt jedenfalls. In Deinem Brief vom 13. Juni, der heute morgen ankam, kurz bevor ich zum Bahnhof ging, um an meine Arbeit zurückzukehren, bittest Du, ich solle Dir mitteilen, was in meinem Kopf und Herzen vorgeht – so als hätte ich das nicht bereits auf jede erdenkliche Art und Weise, soweit wie möglich am Zensor vorbei, getan – (von dem Du mir nun sagst, er existiere für mich nicht). Offenbar gibt Dir alles, was ich Dir bisher mitgeteilt habe, kein richtiges Bild von mir. Also werde ich es in Begriffe fassen, die vielleicht mehr Nachrichtenwert haben: Ich wiege 51 Kilo, sehe, wie man mir sagt, wie der reitende Tod aus, schlafe selten mehr als fünf Stunden, weil ich nicht einschlafen kann: Jeder Lärm von der Avenue hämmert auf mein Bewußtsein ein, als würde ich körperlich geschlagen, und ich springe auf; ich esse etwa dreimal in der Woche zu Mittag. Chatz [eine gemeinsame Freundin] nahm mich gestern zu einem ungarischen Fotografen mit, um neue Bilder machen zu lassen: er ist jung, sehr sensibel, intelligent, hat das berühmte Foto von Dalí und von der Landowska gemacht, auf dem sie wie tot wirkt an ihrem Cembalo, Du hast es in Life *gesehen. Er versucht, den Kontakt mit seinem Gegenüber vor der Linse auf psychologische Weise herzustellen. Nachdem er mich in zwölf verschiedenen Stellungen aufgenommen hatte, fand er, ich hätte auf den Aufnahmen einen so traurigen, leidenden, müden und tragischen Ausdruck, daß er die Sitzung lieber verschieben wolle. […]*

Meine Pläne, zuerst nach Rom zu reisen und dann die Riviera entlang nach Paris zu fahren, sind das einzige, was mich tröstet. Ich bin die meiste Zeit wie gelähmt durch meinen Kummer über Deine Abwesenheit. Schreiben kann ich überhaupt nicht. Alles, was ich mache, ist schlecht. Ich vermisse Dich mehr, als sich mit Worten ausdrücken läßt … Im Haus ist kein Leben, nichts, was einen gern nach Hause kommen, aufstehen, sich auf etwas freuen läßt. Die Tage vergehen wie in einer Tretmühle, mir schmerzen die Glieder. Sei behütet und paß auf Dich auf. Gott segne und behüte Dich. Ich hoffe, die Alliierten werden später mehr Hoffnung und Demokratie vermitteln, als es bei den ersten Versuchen zu geschehen scheint. Das ist alles, was ich sagen kann. Du kennst meine mißtrauischen Befürchtungen und sehnsüchtigsten Wünsche – auch meinen Voltaire'schen Zynismus. Zu wenig Sterbliche verdienen, wofür viele ihr Leben lassen müssen, nämlich Freiheit und Zivilisation, da sie damit nichts anzufangen wissen. Aber wir dürfen nicht aufhören, dafür zu kämpfen. Meine Hand ist zu müde, um fortzufahren. Ich habe heute nachmittag dreieinhalb Stunden im Justizministerium mitgeschrieben. Es ist plötzlich kalt hier. Zehn Uhr abends. Ich habe vergessen zu

Abend zu essen – werde mal nachsehen, was es noch Eßbares gibt! Einen zärtlichen Kuß.

[New York, 23. Juni 1944]

Darling, Darling, Du mußt doch jetzt ganz glücklich sein, denn inzwischen hast Du sicherlich Deine beiden Schwestern gesehen. Erinnerst Du Dich, wie Du immer gesagt hast, daß sie, diese armen Sklaven des Krieges, in einem kriegsversehrten, verarmten Land, Dir in schicken Mänteln, feschen Kleidern und vermutlich mit einem Hauch von Nerz oder Hermelin entgegentreten würden, während Du aus dem reichen New York in ihren toleranten römischen Augen irgendwie schlecht, wenn nicht sogar schäbig angezogen erscheinen würdest? Deine Mutter und ich haben gestern abend bei dieser Vorstellung lachen müssen; erzähl uns, wie es wirklich war. Ich werde unter den üblichen Bedingungen telegraphieren, damit Du wenigstens eine Nachricht hast. Ja, eine Hauptstadt ist eingenommen, zwei andere werden folgen. Paris könnte die nächste sein. Man denkt, man weiß, was man sich in Bezug auf den Sieg wünscht – bis man die Bilder seiner Folgen sieht: die zerbombten Dörfer, die zerstörten Häuser, die Städte mit allen ihren Straßen und Plätzen, die Du einmal so gut gekannt hast, die so unversehrt aussahen auf der Karte von Italien, wenn Du sie so oft nachdenklich betrachtet hast und Dir vor Deinem geistigen Auge dieser Teil Deines Heimatlandes, das endlich von der faschistischen und Nazi-Herrschaft befreit war, so hoffnungsvoll erschienen ist. Sieg, Frieden, ja. Und dann siehst Du das Ergebnis, das Ergebnis eines Siegs in unserer Zeit: Zerstörung. Die Nazis haben das Unsichtbare zerstört – der Krieg zerstört das Sichtbare. Die Häuser, die Wohnungen, Kirchen, Türme, die Schönheit aus Stein und Ziegel, die wahre Bedeutung von Betten, in denen geliebt wurde und die Menschheit sich fortpflanzte, Gemälde und andere Ausdrucksformen genialer Menschen, die man heilig gehalten und in Museen aufbewahrt hatte ... Beim Zeus, kein Wunder, daß Frauen den Krieg nicht möchten und nicht verstehen und sich in der Regel auch nicht dazu verhalten können; nur ein Mann kann ertragen, was andere Männer sich ausgedacht haben – nicht nur den casus belli, *sondern auch die Ausrüstung. Nur ein Mann versteht es, mit einer Raketenabschußvorrichtung umzugehen; er hat sie konstruiert. Er hat sie konstruiert, weil ein anderer Mann den Panzer erfunden hat, und den wiederum konstruierte er, weil der Mann davor Maschinengewehre erfunden hatte. Und immer so weiter; wir Frauen haben nichts dergleichen geschaffen, außer Menschen, die als männliche Babys geboren wurden und zu Männern heranwuchsen und dann groß genug waren, um im Kampf getötet zu werden. Dein philosophischer Brief mit seinem traurigen Ton ist richtig so, meine Liebste. Ein Mensch, der denken kann, muß jetzt trauern und wird es tun bis ans Ende seiner Tage. Vielleicht wird die nächste Generation aus Informationsmangel fröhlicher sein. Mehr als nur Dächer sind zusammengebrochen. Die Intelligenz, die demokratische Intelligenz hat sich in einer Zeit kleinkriegen lassen, die keine Aufopferungen verlangte; nun versucht sie mit Opfergaben en gros eine Idee zu retten, die man früher ohne Blutvergießen hätte schützen können ... Hier gibt es nichts AUSSER DIR und das ist noch stärker, als wenn Du anwesend wärst. Alles was hier im Haus oder auf der Insel geschieht, drückt Deine Abwesenheit aus, denn nichts ist so, wie wenn Du hier wärst. Du brauchst nicht zu befürchten, daß ich Dich nicht vermisse. Dieses Zuhause, mein Leben und mein Glück sind wie verlassener Grundbesitz mit einem großen grausamen Schild versehen: Zu vermieten; Nicht bewohnt; Besitzer verzogen … Ich lege Dir einen ausgezeichneten Leitartikel von Anne O'Hare McCormick aus der* Times *bei; mal sehen, ob er die Zensur passiert, es wäre ein Witz, wenn nicht; er ist hervorragend geschrieben und gut durchdacht. Ach, bitte, sende uns Nachrichten aus Rom, Deiner Geburtsstadt, wo das Herz Deiner Mutter ist, ci gît, wo immer Du hingehst. Ich umarme Dich mit aller Kraft, Darling, und vermisse Dich in dieser Leere jetzt.*

❦

1922 ging die 30-jährige Journalistin Janet Flanner mit ihrer großen Liebe Solita Solano nach Paris. Hier lernte sie andere lesbische Künstlerinnen kennen, verkehrte in Pariser Intellektuellen-Kreisen und in den berühmten Salons von Natalie Barney und Gertrude Stein. Das lebendige, freigeistige Paris wird ihre zweite Heimat. Von 1925 an berichtet sie in einer Kolumne für das Magazin *The New Yorker* über das Leben in der französischen Metropole. Fast ein halbes Jahrhundert lang schreibt sie unter dem Pseudonym Génet ihre *Briefe aus Paris*, die sie berühmt machen sollten. Bei Ausbruch des Zweiten Weltkrieges muss sie die geliebte Stadt verlassen und kehrt nach New York zurück. Dort begegnet sie 1940 auf einer Cocktailparty der italienischstämmigen Radioreporterin Natalia Danesi Murray. Natalia beschreibt dieses Zusammentreffen als einen »Coup de Foudre« – die Liebe schlägt ein wie ein Blitz. Natalia wird, neben Solita Solano und der Sängerin Noël Murphy, eine der großen Lieben in Janets Leben. Sie wird ihr bis ans Lebensende eine treue Gefährtin bleiben.

Zwischen 1940 und 1944 leben Natalia und Janet gemeinsam in New York. Janet, die der lästigen Hausarbeit wegen seit Jahrzehnten einem Leben im Hotel den Vorzug gegeben hatte, zieht in das gemeinsame Haus von Natalia und deren Mutter. 1944 werden sie beide, im Abstand von einigen Monaten, als Kriegsreporterinnen nach Europa geschickt. »Unsere Freundschaft – eine leidenschaftliche Freundschaft – entwickelte sich und gedieh während des Zweiten Weltkrieges«, schreibt Natalia rückblickend. »Zwei Kontinente – Nordamerika und Europa – gaben den Rahmen dafür ab, vor allem Paris, Rom und New York.« Von überall schreiben sie sich Briefe – Liebesbriefe und bewegende Chronik der Ereignisse des Krieges und der Nachkriegsjahre zugleich.

Im Juni 1944 ist Natalia bereits auf dem Weg nach Italien, ihrem Heimatland, wo sie ihre Schwestern wiederzusehen hofft. Janet ist mit Natalias Sohn und Mutter zunächst in New York geblieben. Nur wenige Wochen zuvor hatten sie noch Hand in Hand auf dem Jefferson Memorial in Washington D.C. gestanden. Nun liegt der Ozean zwischen ihnen. Ihre Liebe muss mit großen Entfernungen fertigwerden und mit wenigen Worten auskommen. Die Feldpostbriefe wurden zu jener Zeit als 10 × 12,5 Zentimeter große Kopie von einem Mikrofilm ausgeliefert. Auf der einen Seite las die Zensurbehörde mit, auf der anderen die Familie. Die Versicherung ihrer Liebe und das schmerzliche Empfinden des Getrenntseins bilden den Rahmen für ihre Gedanken zu den großen Ereignissen der Zeit und ziehen sich wie ein roter Faden durch die Korrespondenz der folgenden Jahrzehnte.

Ich weiß nämlich gar nicht genau, wen ich liebe: den Slawen oder den Bischof?

Else Lasker-Schüler an Herwarth Walden

[Berlin, 2. September 1911]

Liebe Jungens!

Daß Kurtchen Dich mitgenommen hat nach Schweden, Herwarth, ist direkt eine Freundestat. Kurtchen wird erster Staatsanwalt werden und Euch kann nichts passieren. Aber mir kann was passieren, ich hab niemand, dem ich meine Abenteuer erzählen kann außer Peter Baum, der aber aus der alten Wohnung in die neue Wohnung zieht. Im Wirrwarr hat er statt seines Schreibtischsessels seine Matja in den Möbelwagen getragen und sie den Umzugleuten besonders ans Herz gelegt, daß die Quasten nicht abreißen. Am Abend erzählte ich ihm erst meine neue Liebesgeschichte. Ich habe nämlich noch nie so geliebt wie diesmal. Wenn es Euch interessiert: Vorgestern war ich mit Gertrude Barrison in den Lunapark gegangen, leise in die ägyptische Ausstellung, als ob wir so etwas Süßes vorausahneten. Gertrude erweckte dort in einem Caféhaus die Aufmerksamkeit eines Vollbartarabers; mit ihm zu kokettieren, auf meinen Wunsch, schlug sie mir entsetzt ab, ein für allemal. Ich hätte nämlich gerne den Lauf seiner sich kräuselnden Lippen beobachtet, die nun durch die Reserviertheit meiner Begleiterin gedämmt wurden. Ich nahm es ihr sehr übel. Aber bei den Bauchtänzerinnen ereignete sich eines der Wunder meines arabischen Buches; ich tanzte mit Minn, *dem Sohn des Sultans von Marokko. Wir tanzten, tanzten wie zwei Tanzschlangen, oben auf der*

Islambühne, wir krochen ganz aus uns heraus, nach den Locktönen der Bambusflöte des Bändigers, nach der Trommel, pharaonenalt, mit den ewigen Schellen. Und Gertrude tanzte auch, aber wie eine Muse, nicht muselhaft wie wir, sie tanzte mit graziösen, schalkhaften Armen die Craquette, ihre Finger wehten wie Fransen. Aber er und ich verirrten uns nach Tanger, stießen kriegerische Schreie aus, bis mich sein Mund küßte so sanft, so inbrünstig, und ich hätte mich geniert, mich zu sträuben. Seitdem liebe ich alle Menschen, die eine Nuance seiner Hautfarbe an sich tragen, an sein Goldbrokat erinnern. Ich liebe den Slawen, weil er ähnliche braune Haare hat wie Minn; ich liebe den Bischof, weil der Blutstein in seiner Krawatte von der Röte des Farbstoffs ist, mit der sich mein königlicher Muselmann die Nägel färbt. Ich kann gar nicht ohne zu brennen an seine Augen denken, schmale lässige Flüsse, schimmernde Iris, die sich in den Nil betten. Was soll ich anfangen? […]

Denkt mal, ich habe in den Mond gesehn auf der Weidendammerbrücke für zwanzig Pfennige. Ich habe aber nur sehr schattenhaft die Menschen durch das Fernrohr erkannt. Ein Mann hatte die Haare so wie Du geschnitten, Herwarth, oder vielmehr nicht abgeschnitten. Ob die Mondproleten auch immer rufen: Laß Dir das Haar schneiden? Und einen Herrn mit einer Aktenmappe habe ich ein Brot mit Roastbeef essen sehn, der glich Dir, Kurtchen. Und wahrhaftig, ein Café gibts auch auf dem Mond; es war Nacht, ich hörte aus seinem Innern eine Stimme wie Dr. Caros Stimme singen: »So laßt uns wieder von der Liebe reden, wie einst im Mai«.

Ich habe mich endgültig in den Slawen verliebt – warum – ich frage nur immer die Sterne. Ich liebe ihn ganz anders wie den Muselmann, sein Kuß sitzt noch, ein Goldtopasschmetterling, auf meiner Wange. Den Slawen aber möchte ich nur immer anschaun, wie ein Gemälde auf Altmeistergrund. Eine Feuerfarbe hat sein Gesicht, ich verbrenne im Anschaun und muß immer wieder hin. Du brauchst gar keine Angst zu haben, Herwarth, er hat mir auf meinen Liebesbrief gar nicht geantwortet. Ich schrieb ihm: »Süßer Slawe, würdest Du in Paris im Louvre gehangen haben, hätte ich Dich statt der Mona Lisa gestohlen. Ich möchte Dich immer anschauen, ich würde gar nicht müde werden; ich würde mir einen Turm bauen lassen, ohne Türe. Ich möchte am liebsten zu Dir kommen, wenn Du schläfst, damit Deine Wimper nicht zuckt im Rahmen. Ich denke gar nicht mehr, als an Dich und nur an Dich und nie anders, als ob Du in einem Rahmen ständest. So schön wie Du gestern warst, Du warst so schön, man müßte Dich zweimal stehlen, einmal der Welt und einmal Dir selbst; Du weißt am schlechtesten mit Dir umzugehen, Du hängst Dich immer ins falsche Licht.« Ich versichere Dir nochmals, lieber Herwarth, Du brauchst Dir darum keine Sorgen machen, er reichte mir gestern abend nicht einmal die Hand. Es verriet mir jemand im Vertrauen, er will sich mit Dir *nicht entzwein, er ist Literat. Was sagst Du zu solch einer Feigheit? Du hättest mir in seiner Lage wiedergeschrieben, nicht? Ihr braucht also noch lange nicht kommen; vorgestern nacht träumte ich sogar, ein Eisbär sei Euch beiden Nordpolfahrern begegnet und hätte Euch gefragt, ob Ihr Euch bei ihm photographieren lassen wolltet.*

Was ich für ein ausgesuchtes Unglück in der Liebe habe! Ihr auch? Habt Ihr schon Ibsen gesehn und die Hedda Gabler? Und habt Ihr Euch schon eine andere Landschaft betrachtet, wie ein Café? Es gibt wohl da oben nur Schneefelder und weiße Berge und was weiß ich noch? Die Lappen halten wohl nicht, schickt mir aber ein paar Krönländer.

Ihr könnt lachen, ich hab aber die ganze Nacht nicht geschlafen, einmal war es kalt, einmal heiß, dann stürmte es Herbst, und dazwischen glühte Eure Mitternachtssonne. Als ob der September mir alles nachäffe! Ich weiß nämlich gar nicht genau, wen ich liebe: den Slawen oder den Bischof? Oder sollte ich mich noch immer nicht von Minn trennen können? Der Bischof ist seit gestern von mir zum Erzbischof ernannt worden. Aber der Slawe wird wohlweislich bald seinen Abschied einreichen, seine diplomatischen Experimente mit mir sind demokratisch. Ich bat ihn, meinen Liebesbrief mir wiederzugeben, zum Donnerwetter. Ich habe doch zum Donnerwetter Ehre im Leib. Er hat ihn mir noch nicht zurückgesandt – ob er mir ein paar Worte dazu schreiben wird? Aber was hilft das nur, der Erzbischof spricht, wie ich träume, ganz genauso, auch versteht er unausgesprochen meine Wünsche zu erfüllen. Er wandelt mit mir durch schwermütige Wälder über Rosenpfade, oder wir suchen mitten in der Gespensterstunde rissige Straßen auf, die auf die Spree blicken, finster wie das Auge des Arbeiters. Und jeden Tag bekomme ich vom Bischof einen Brief, es sind die schönsten Briefe, die ich je gelesen habe, ich lese sie laut mit der Stimme des Slawen. Und wie geht es Euch? Ihr seid wohl schon am Wendekreis des Schneehuhns angelangt? Erkälte Dich nur ja nicht, Herwarth. Vor allen Dingen bekomme keinen Schnupfen, ich werde wahnsinnig vom Rauschen der Nase. Kommt Ihr bald nach Hause? […] Ohne Dich, Herwarth, geht es hier doch nicht: Du hilfst mir immer in der Geschichte, auch geniere ich mich, jemand zu bitten, mir die Kommas zu machen. […] Ich glaube, es ist schon zwölf Uhr; ich bin tatsächlich zu bange, heute den Flur meiner Wohnung alleine zu betreten. Ich bin nervös. Ich werde Dir mein Wort nicht halten können und vor Morgen schon in meinem Bett lie-

gen. Ich werde bei dem Billetfräulein am Halenseer Bahnhof schlafen auf ihrem blutlosen, alten Kanape. Sie erzählt mir den Rest der Dunkelheit von ihren Liebhabern.

Gute Nacht, Herwarth, liebes Kurtchen!

❦

Ein schillernder Brief, ein verirrter Liebestaumel, bevölkert von allerlei Gestalten, die am Tisch der Dichterin Else Lasker-Schüler im Café des Westens vorübergezogen waren. Zuerst verliebt sie sich in den Muselmann, dann aber in den Slawen oder vielleicht doch in den Bischof? Der Mann, dem sie dies alles schreibt, ist Herwarth Walden, seit acht Jahren ihr zweiter Ehemann. Walden, mit bürgerlichem Namen eigentlich Georg Levin, ist Musiker, Kritiker und Verleger. Im Frühjahr 1910 begründet er eine der bedeutendsten Zeitschriften des deutschen Expressionismus, den *Sturm*. Als er im Herbst 1911 zusammen mit seinem Freund, dem Rechtsanwalt Kurt Neimann, nach Skandinavien reist, vereinbart er mit seiner Frau die Veröffentlichung eines Briefes im *Sturm*. Ein Liebesbrief sollte es werden – und ist es ja auch geworden, nur dass es sich beim Empfänger des Briefes und dem Adressaten der Liebesschwüre um verschiedene Personen handelt. Kein gewöhnlicher Liebesbrief also, zumal er dazu bestimmt ist, von aller Welt gelesen zu werden. Aus dem einen Brief wird eine ganze Serie. Bis Februar 1912 unterhält Else Lasker-Schüler die Leser des *Sturms* mit ihren »Briefen nach Norwegen« an die »lieben Jungs«, die »Renntiere«, die »Skiläufer«, die »Pelzvermummten«, die »Eiskühler«, die »sehr edlen Gesandten«.

Später fasst sie die Briefe unter dem Titel *Mein Herz – Ein Liebesroman mit Bildern und wirklich lebenden Menschen* zu einem Buch zusammen. »Mein Herz – Niemandem« steht auf der ersten Seite. Dabei verschenkte sie ihr Herz nur allzu oft und dichtete für den gerade Angebeteten, die Feder getunkt in Liebesglück und Liebesschmerz: »Ihr kennt ja All' die Liebe nicht / Die in mir glüht, die in mir stürmt / Wie unerfüllte Weltenpflicht.« Wer ihr begegnete und ihr gefiel, fand Eingang in ihr hauseigenes Märchenreich, in ihre Gedichte und ihre Briefe: als Herzog, König oder Tiger, als Onit von Wetterwehe (Gerhart Hauptmann), als Dalai Lama (Karl Kraus) oder als Giselheer (Gottfried Benn). Schon ihre Zeitgenossen dürften gerätselt haben, wer sich hinter dem Slawen verbirgt und hinter dem Bischof. Und sie selbst war ja auch nicht Else Lasker-Schüler, sondern Tino von Bagdad und später Jussuf, Prinz von Theben. Else Lasker-Schüler war ein »Weltflüchtling«, eine, die nach Rettung suchte im Reich der Phantasie.

Aber auch dort enden die Lieben. Das »ausgesuchte Unglück in der Liebe« ereilte sie auch mit ihrem zweiten Ehemann, der nämlich fand in Norwegen ein neues Liebesglück. Er verliebte sich in eine blonde Schwedin und ließ seine schwarzäugige Tino von Bagdad allein. Das Ende ihrer Ehe mit Herwarth Walden ist für Else Lasker-Schüler ein emotionales und zugleich finanzielles Desaster. Die Liebeserklärung ihres letzten »Norweger-Briefes« richtet sie nach vollzogener Trennung nun doch an den Adressaten ihrer Briefe, ihren längst heimgekehrten Mann: »Ich höre nicht mehr das Schellengeläute in meinen Ohren; jeder Herzschlag war ein Tanz. Ich kann nicht mehr tanzen, Herwarth; ich weine – Schnee fällt auf meine Augen. Mir brach die Welt in Splitter.«

Daß wir uns noch immer lieben, nachdem wir zahllose Abenteuer überstanden, gegen Türen gehämmert, uns rüde beschimpft haben

Frida Kahlo an Diego Rivera

23. Juli 1935

Ein gewisser Brief, den ich zufällig sah, in einer gewissen Jacke eines gewissen Herrn, von einem gewissen Dämchen aus dem fernen, verfluchten Deutschland – ich denke, daß es jene Dame sein muß, die hierherzuschicken Willi Valentiner so freundlich war, damit sie sich mit »wissenschaftlichen«, »künstlerischen« und »archäologischen« Absichten die Zeit vertreibt – dieser Brief machte mich sehr wütend und, um die Wahrheit zu sagen, eifersüchtig …

Warum begreife ich in meiner dämlichen Beschränktheit nicht, daß die Briefe, die Weibergeschichten, die … Englischlehrerinnen, die Zigeunermodelle, die »hilfsbereiten« Assistentinnen, die an der »Kunst der Malerei« interessierten Schülerinnen und die wichtigen Botschafterinnen von weither lediglich ein Zeitvertreib *sind und daß* Du und ich *uns im Grunde genommen* von Herzen *lieben? Daß wir uns noch immer lieben, nachdem wir zahllose Abenteuer überstanden, gegen Türen gehämmert, uns rüde beschimpft und über Ländergrenzen hinweg Forderungen gestellt haben? Es ist wohl so, daß ich ein bißchen unvernünftig und ein ziemlicher Blödhammel bin, denn in den sieben Jahren unseres Zusammenlebens sind all diese Dinge immer wieder vorgekommen, aber meine ganze Raserei hat einzig und allein bewirkt, daß ich einsehe, daß ich Dich mehr liebe als meine eigene Haut. Und auch wenn Du mich nicht mehr so liebst wie zuvor, so liebst Du mich doch noch ein wenig, nicht wahr? Wenn dem nicht so ist, wird mir immer noch die Hoffnung bleiben, daß es so sein könnte, und das genügt mir …*

Liebe mich ein kleines bißchen Ich bete Dich an

Frida

❦

Sie war bildschön, ihr langes schwarzes Haar war stets kunstvoll aufgesteckt oder mit bunten Bändern durchflochten, sie trug edlen Schmuck und die farbenfrohen traditionellen Kleider ihres Heimatlandes Mexiko, die ihr Mann Diego Rivera so sehr an ihr liebte. In einem solchen Kleid malt sie sich, als ihr 1939, nach zehn Jahren Ehe, die Scheidungspapiere überbracht werden. *Die beiden Fridas* heißt dieses Bild, eins ihrer berühmtesten. Mit offenem Herzen sieht man zwei Fridas, wie mit einer Nabelschnur durch eine Vene miteinander verbunden, Blut tropft von der Schere in der einen Hand. Der Schmerzensschrei eines gebrochenen Herzens.

Mit achtzehn erleidet Frida Kahlo bei einem grausamen Verkehrsunfall schwere Verletzungen, die ein lebenslanges Martyrium nach sich ziehen. Ans Bett gefesselt und zur Bewegungslosigkeit verurteilt, sucht sie nach einem Weg, ihren Schmerzen Ausdruck zu verleihen. Sie beginnt zu malen. Als sie 1928 dem berühmten Maler Diego Rivera ihre Bilder zur Beurteilung vorlegt, ist er von diesen ebenso sehr beeindruckt wie von der körperlich zarten, aber energischen Person, die sie geschaffen hat. In seiner Autobiografie erinnert er sich an die Begegnung als »eines der glücklichsten Ereignisse seines Lebens«. Am 21. August 1929 heiraten sie – »der Frosch und die Taube«, wie sie oft betitelt werden. Diego war zu jener Zeit 42 Jahre alt, ein stattlicher, korpulenter Mann, ein berühmter Maler und Generalsekretär der Kommunistischen Partei Mexikos. Er schätzt und fördert die künstlerische Arbeit seiner zwanzig Jahre jüngeren Frau, bewundert sie ebenso sehr wie sie ihn. Sie lieben einander, doch neben der Malerei und der Politik liebt Diego auch die Frauen im Allgemeinen. Wo sich ihm ein Liebesabenteuer bietet, gibt er ihm nach. Mal ignoriert Frida die Affären, mal spottet sie darüber, oft leidet sie. »Ich bin in meinem Leben von zwei großen Unfällen betroffen worden. Der eine geschah, als ich von einer Straßenbahn überfahren wurde, der andere ist Diego.« Sie trennen sich, und im November 1939 lassen sie sich scheiden. Doch allen Zerwürfnissen und Verletzungen zum Trotz heiraten sie ein Jahr später erneut. Was Frida 1949 in einem Porträt für einen Ausstellungskatalog über Diego schreibt, dürfte als Quintessenz ihrer Ehe gelten: »Ich werde von Diego nicht als meinem Ehemann sprechen, denn das wäre lächerlich. Er war nie irgendjemandes ›Ehemann‹ und wird es niemals sein.«

Frida Kahlo und Diego Rivera 1939, im Jahr ihrer Scheidung, in Mexico City.

Fridas körperliche Leiden verschlimmern sich im Lauf der Zeit. Unerträglich werden die Schmerzen, zahlreiche Operationen können daran nichts ändern. Nur im Rollstuhl oder im Bett kann sie noch malen. 1954 stirbt sie im Alter von nur 47 Jahren an einer Lungenembolie. Diego sitzt an ihrem Totenbett und hält ihre Hand. Ihr letztes Bild hat sie unterzeichnet mit: »Viva la vida – Es lebe das Leben!«

Wer wird mich jetzt rufen? Wer wird meiner Nachtwachen bedürfen?

George Sand an Alfred de Musset

Venedig, 15. April 1834

Ich war in einer entsetzlichen Beunruhigung, mein liebes Kind. Ich habe gar keinen Brief von Antonio erhalten. Ich bin eigens in Vicenza gewesen, um zu erfahren, wie Du die erste Nacht verbracht haben würdest. Ich hatte bloß gehört, daß Du vormittags durch die Stadt gereist bist. Ich habe also als einzige Nachricht von Dir die zwei Zeilen erhalten, die Du mir aus Padua geschrieben hattest, und ich wußte nicht, was ich denken sollte. Pagello sagte mir, daß uns Antonio sicherlich schreiben würde, falls Du krank wärest; aber ich weiß, daß die Briefe hierzulande verloren gehen, oder sechs Wochen brauchen, um anzukommen. Ich war verzweifelt. Endlich erhielt ich Deinen Brief aus Genua. Oh, mein Kind, wie ich Dir dafür danke! Wie ist er gut, und wie wohl hat er mir getan! Ist es aber auch wahr, daß Du nicht krank bist, daß Du kräftig bist, daß Du nicht leidest? Ich befürchte immer, daß Du mir gegenüber und mir zuliebe deine gute Gesundheit übertreibst. Oh, möge Gott sie Dir schenken und erhalten, mein lieber Kleiner! Dies ist von nun an meinem Leben so notwendig wie Deine Freundschaft. Ohne das eine und das andere kann ich mir keinen einzigen schönen Tag mehr vorstellen. Glaube nicht, o glaube nicht, Alfred, daß ich glücklich sein könnte mit dem Bewußtsein, Dein Herz verloren zu haben. Ob ich nun Deine Geliebte oder Deine Mutter war, ob ich Dir Liebe einflößte oder Freundschaft, ob ich mit Dir glücklich oder unglücklich war, all das ändert nichts an dem gegenwärtigen Zustand meiner Seele. Ich weiß, daß ich Dich liebe, und das ist alles ... Über Dich wachen zu können, Dich vor allem Bösen schützen zu können, vor allen Widerwärtigkeiten, Dich mit Zerstreuungen und Vergnügen zu umgeben, das ist es, was ich bedarf und vermisse, seit ich Dich verloren habe. Warum ist diese so süße Aufgabe, die ich mit so viel Freude erfüllt hätte, nach und nach so bitter geworden, und dann plötzlich unmöglich? Welches Verhängnis wandelte in Gift die Arzneien, die ich Dir bot? Warum wurde ich, die mein ganzes Blut hergegeben hätte, um Dir eine ruhige, friedliche Nacht zu bereiten, eine Qual für Dich, eine Plage, ein Schreckbild? Wenn mich diese entsetzlichen Erinnerungen bedrängen (und wann lassen sie mich in Frieden?), werde ich beinahe verrückt. Ich bedecke mein Kissen mit Tränen, ich höre, wie Deine Stimme mich ruft in der Stille der Nacht. Wer wird mich jetzt rufen? Wer wird meiner Nachtwachen bedürfen? Wozu benütze ich die Kräfte, die ich für Dich gesammelt habe und die sich jetzt gegen mich kehren? Oh mein Kind! wie brauche ich Deine Zärtlichkeit, Deine Verzeihung! Rede nicht von der meinen, sage mir nie, daß Du gegen mich schuldig warst; was weiß ich davon? Ich erinnere mich an nichts mehr, außer daß wir recht unglücklich gewesen sind und daß wir einander verlassen haben; aber ich weiß, ich fühle, daß wir uns unser Leben lang dem Herzen und dem Geiste nach lieben werden, daß wir durch eine heilige Zuneigung versuchen werden, uns gegenseitig vom Schmerz zu heilen, den wir aneinander erlitten. Nein! es war nicht unsre Schuld, leider folgten wir unserem Schicksal, und unsere Charaktere, die herber und heftiger sind als jene anderer, hinderten uns daran, das Leben gewöhnlicher Liebender zu führen. Aber sei versichert, wir sind geboren, um uns zu kennen und um uns zu lieben. Ohne Deine Jugend und die Schwachheit, in der mich Deine Tränen eines Morgens fanden, wären wir Bruder und Schwester geblieben. Wir wußten, daß uns das taugte, wir hatten uns das Übel vorausgesagt, das uns dann geschehen ist. Nun also, und trotzdem, was tut es! Wir sind einen rauhen Weg geschritten, aber wir haben die Höhe erreicht, wo wir zusammen rasten sollten. Wir waren Geliebte, wir kennen uns bis in den Grund der Seele, um so besser. Welche Entdeckung haben wir einer am andern getan, die uns voneinander abstoßen könnte? Oh wir Unglücklichen! hätten wir uns an einem Tag des Zornes getrennt, ohne uns zu verstehen, ohne uns auszusprechen! dann hätte ein abscheulicher Gedanke unser ganzes Leben vergiften können; dann hätten wir nie an etwas geglaubt; aber hätten wir uns so zu trennen vermocht? Haben wir es nicht umsonst mehrmals versucht? Unsre Herzen, die Hoffart und Groll entflammte, barsten sie nicht vor Schmerz und Reue, jedesmal, wenn wir wieder allein waren? Nein, das konnte nicht sein. Wir mußten, auf unmöglich gewordene Beziehungen verzichtend, für die Ewigkeit verbunden bleiben. Du hast recht, unsere Umarmung war ein Inzest, aber wir wußten es nicht. Wir warfen uns unschuldig und aufrichtig einander in die Arme. Nun also! Haben wir eine einzige Erinnerung dieser Umarmungen, die nicht keusch und heilig wäre? An einem Tag des Fiebers und des Deliriums warfst Du mir vor, niemals imstande gewesen zu sein, Dir die Freuden der Liebe zu schenken. Dazumal weinte ich darüber, aber jetzt bin ich sehr froh, daß dieser Vorwurf ein wenig gerechtfertigt sein könnte, ich bin sehr froh, daß jene Freuden herber und verschleierter waren als die, die Du anderwärtig finden wirst. Wenigstens wirst Du Dich in den Armen andrer Frauen meiner nicht erinnern. Aber wenn Du allein sein wirst, wenn Du das Bedürfnis hegen wirst, zu beten und zu wei-

nen, so wirst Du an Deinen George denken, an Deinen wahren Kameraden, an Deine Krankenwärterin, an Deinen Freund, an etwas, das mehr ist als alles dies. Denn das Gefühl, das uns eint, ist so vielfältig zusammengesetzt, daß es sich mit keinem andern vergleichen läßt. Die Welt wird nie etwas davon verstehen. Um so besser, wir werden uns lieben und sie zum besten haben. […]

Was soll ich Dir von meiner Lage sagen? Ich bin noch unentschlossen und weiß noch nicht genau, was mit mir geschehen wird. Mittlerweile bin ich in Venedig, bis ich das Geld und die nötige Freiheit habe, nach Konstantinopel zu gehen. […] Mittlerweile trachte ich an der Arbeit wieder Freude zu fassen, ich rauche Pfeifen von vierzig Klafter Länge und trinke per Tag um fünfundzwanzigtausend Franken Kaffee. Ich lebe beinahe einsam. Rebizzo besucht mich eine halbe Stunde des Morgens. Pagello kommt und speist mit mir und verläßt mich um acht Uhr. Er ist in diesem Augenblick sehr mit seinen Kranken beschäftigt, und seine ehemalige Geliebte, die wieder von einer wilden Leidenschaft erfaßt wurde, seit sie an seiner Treue zweifelt, macht ihn wahrhaftig unglücklich. Er ist so gut und sanft, daß er nicht den Mut hat, ihr zu sagen, daß er sie nicht mehr liebt, und wahrhaftig, er sollte es tun, denn sie ist eine Furie und hat Liebschaften hinter seinem Rücken, aber wer wird ihm raten, hart zu sein! Ich nicht. Diese Frau kommt mich zu bitten, sie zu versöhnen, und ich kann nicht anders, obzwar ich wohl fühle, daß ich dem einen wie dem andern einen recht schlechten Dienst erweise. Pagello ist ein Engel an Tugend und verdiente es, glücklich zu sein; deshalb sollte ich ihn nicht mit der Arpalice versöhnen, und deshalb auch werde ich abreisen.

Unterdessen verbringe ich mit ihm, über Dich sprechend, die süßesten Augenblicke meines Tages. Er ist so empfind-

sam und so gut, dieser Mann! Er versteht so sehr meine Traurigkeit und so andächtig schont er sie! Das ist einer, der sich schweigend für mich den Kopf abschneiden ließe. Er umgibt mich mit Aufmerksamkeit und Fürsorge, wie ich es nie erträumt hätte. Ich habe nicht Zeit, einen Wunsch auszusprechen, er errät alle äußeren Dinge, die dazu dienen können, mein Leben zu verschönen …

Ich habe einer Art Belagerung von Neugierigen standzuhalten, die sich schon vor meiner Zelle zusammenrotten. Ich weiß nicht, warum dem immer so ist, wenn man allein leben will. Aber die Zudringlichen sind schon an meiner Türschwelle. Ich weiß nicht, welche Naseweise meine Romane gelesen und entdeckt haben, daß ich in Venedig bin. Sie wollen mich sehen und laden mich zu ihren conversazioni *ein. Davon will ich nichts hören. Ich sperre mich in mein Zimmer ein und wie eine Gottheit in ihre Wolke, so hülle ich mich in den Rauch meiner Pfeife. Ich besitze einen vertrauten Freund, der mein ganzes Entzücken ausmacht und den Du närrisch lieben würdest. Es ist ein zahmer Star, den Pagello eines Tages aus seiner Tasche zog und mir auf die Schulter setzte. Stelle Dir das unverschämteste, feigste, schlaueste, gefräßigste, närrischste Wesen vor. Es trinkt Tinte, frißt Tabak aus meiner frischangesteckten Pfeife; der Rauch erfreut es sehr, und die ganze Zeit, während ich rauche, hockt es am Rohr und neigt sich verliebt zum qualmenden Pfeifenkopf. Es sitzt auf meinem Knie oder auf meinem Fuß, wenn ich arbeite, es reißt mir alles aus den Händen, was ich esse, es beschmutzt Pagellos* bel vestito. *Mit einem Wort, es ist ein entzückendes Tier. Bald wird es sprechen, es beginnt den Namen George zu versuchen.*

Leb wohl, leb wohl, mein liebes kleines Kind! Schreibe mir oft, das flehe ich Dich an. Oh wie gern wüßte ich Dich gesund und in Paris zurück! Erinnere Dich, daß Du mir versprochen hast, Dich zu pflegen. Leb wohl, mein Alfred, behalte lieb Deinen George. […]

Pagello will Dir schreiben, aber heute ist er zu beschäftigt und beauftragt mich, Dich an seiner Statt zu umarmen und Dich zu ermahnen, seinen Patienten zu schonen.

❦

Die berühmteste französische Schriftstellerin des 19. Jahrhunderts trug Männerkleider, rauchte Pfeife und ersetzte ihren klangvollen Namen Amantine-Aurore-Lucile Dupin, verheiratete Baronin Dudevant, durch einen zweisilbigen Männernamen: George Sand. Auf ganzer Linie ein Bruch mit den bestehenden Rollenklischees. Folgerichtig ist auch ihr Geliebter nicht der Angebetete, der Vergötterte, sondern »mein Kleiner«, »mein Kind«. Es ist der Schriftsteller Alfred de Musset, den sie hier so mütterlich liebevoll betitelt. George Sand lernte ihn im Juni 1833 bei einem offiziellen Diner kennen, bei dem er ihr Tischnachbar war. Sie fand ihn dandyhaft und mochte ihn lange nicht zu sich einladen, bis er ihr das erste Mal schrieb: »Mein lieber George, ich habe Ihnen etwas Dummes und Lächerliches zu sagen … Ich bin in Sie verliebt.« Mit George Sands Nachgeben nahm seinen Lauf, was als »berühmteste Liebesgeschichte der französischen Romantik« in die Historie eingegangen ist. Heitere Tage und stürmische Liebesnächte verbrachte das Paar in der »blauen Mansarde«, George Sands Wohnung am Pariser Seine-Ufer. Zum Jahresende reisten sie gemeinsam durch Frankreich nach Italien.

Das Liebesdrama von Venedig heißt ein Film, der die Geschichte der beiden Liebenden erzählt. Und was sich bei ihrem Venedigaufenthalt im Hotel Danieli abspielte, war wirklich dramatisch. George Sand erkrankte bald nach ihrer Ankunft, Alfred zog allein durch die Stadt, vernachlässigte seine Geliebte und verärgerte sie, indem er ganze Nächte lang wegblieb. Statt sich leidenschaftlich zu umarmen, stritten sie. Schließlich verriegelte George die Verbindungstür zwischen ihren Hotelzimmern und setzte Arbeit statt Liebe auf den Stundenplan. Das konnte Musset kaum gefallen, war doch das Arbeitstempo seiner vielschreibenden Freundin für ihn eher Einschüchterung denn Ansporn: »Ich habe den ganzen Tag gearbeitet«, beklagte er sich einmal. »Am Abend hatte ich zehn Verse gemacht und eine Flasche Schnaps getrunken; sie hatte einen Liter Milch getrunken und ein halbes Buch geschrieben.« Eine Beruhigung der Lage trat nicht ein, Ende Januar 1834 wurde auch Musset schwer krank. Sein Zustand war ernst und besorgniserregend. Nächtelang wachten George Sand und der italienische Arzt Pietro Pagello an seinem Bett – und verliebten sich ineinander. Alfreds Genesung ging mit dem Erblühen einer neuen Liebe einher. Bevor sie sich alle voneinander verabschiedeten, verschworen sie sich zu einem freundschaftlichen Dreierbund, in dem es keine Eifersucht geben sollte. Doch nur George Sand war zu einem solchen Bund in der Lage. Das Zerwürfnis zwischen ihr und Alfred de Musset ließ sich nicht kitten, zahlreicher zärtlicher Briefe zum Trotz. Im März 1835 trennten sie sich endgültig. »Sei stolz, mein großer und tapferer George«, schrieb ihr Musset zum Abschied, »Du hast ein Kind zu einem Manne gemacht.«

24 Jahre später machte ihre Liebesgeschichte noch einmal Schlagzeilen. Im Mai 1859, zwei Jahre nach Alfred de Mussets Tod, veröffentlichte George Sand unter dem Titel *Sie und Er* ihre Erinnerungen an die verflossene Liebe. Verärgert über die Darstellung, antwortete Alfreds Bruder Paul mit der Gegenschrift *Er und Sie*. Schließlich meldete sich dazu auch eine ehemalige Geliebte Mussets zu Wort: Louise Colet nannte ihre Version der Geschichte schlicht und einfach: *Er*.

Ich wußte immer, daß Du mich eines Tages zutiefst verletzen würdest, aber ich hatte gehofft, Ort und Zeit selbst bestimmen zu können

Rebecca West an H. G. Wells

Fairliehope
Chatham Close
Hampstead Garden Suburb, N. W.
[März 1913]

Lieber H. G.,

entweder jage ich mir in den nächsten Tagen eine Kugel durch den Kopf, oder ich lasse mir etwas einfallen, das noch vernichtender ist als der Tod. In jedem Fall werde ich ein anderer Mensch sein. Ich werde mich nicht um meine Sterbebettszene bringen lassen.

Ich begreife nicht, wieso Du mich vor drei Monaten noch wolltest und jetzt nicht mehr willst. Ich wünschte, ich wüßte, warum das so ist. Ich habe dafür kein Verständnis, sondern nur Verachtung übrig. Obendrein macht es mich wütend, Dich zu verachten, weil Du damit meinem Seelenfrieden im Wege stehst. Natürlich hast Du recht. Ich habe nichts, was ich Dir geben kann. Du willst nur ein wenig Abenteuer und Bequemlichkeit. Vom Abenteuer hast Du schon genug, und Komfort habe ich nicht zu bieten. Ich verwöhne niemanden, es sei denn, er wäre sehr krank. Ich bin darin sehr extrem. Im Rückblick glaube ich, daß ich meiner Mutter am nützlichsten war, als ich sie aus einem brennenden Haus rettete.

Ich wußte immer, daß Du mich eines Tages zutiefst verletzen würdest, aber ich hatte gehofft, Ort und Zeit selbst bestimmen zu können. Du hast Dich mir gegenüber immer unbewußt abweisend verhalten, während ich im Gegenzug versuchte, Dich zu beruhigen, meine Liebe von mir stoßend und auf das kleine bißchen zurückstutzend, das für Dich noch erträglich war. Wenn ich so zurückgewiesen werde, bin ich hilflos, denn ich kann nur lieben und sonst nichts. Ich war die Falsche für Dich. Du willst eine Welt mit Menschen, die wie ein Haufen Hundewelpen herumbalgen, eine Welt mit Menschen, die miteinander streiten und spielen, Menschen, die wütend werden und sich gegenseitig weh tun, anstatt füreinander zu brennen. Du kannst nicht begreifen, daß die Demütigung eines emotionalen Scheiterns so schwerwiegend sein kann, daß jemand zweimal versucht, sich umzubringen. Du findest das dumm. Ich kann nicht begreifen, daß jemand ständig mit dem Feuer spielt, obwohl er die Flammen nicht ausstehen kann. Das finde ich dumm.

Du hast mich buchstäblich zugrunde gerichtet. Ich bin bis auf die Grundmauern zerstört. Vielleicht kann ich mich wieder aufrichten, vielleicht auch nicht. Du behauptest, Obsessionen könne man kurieren. So ist es. Aber Menschen wie ich schwingen sich von einer Leidenschaft zur nächsten, und wenn sie danebengreifen, stürzen sie ab und finden sich bar jeder Leidenschaft auf dem blanken, sägemehlbedeckten Bretterboden wieder. Du bist für mich ein für alle Mal erledigt. Das weißt Du. Und deshalb versuchst Du Dich selbst davon zu überzeugen, ich wäre eine vulgäre, ausschweifende und haltlose Person und daß es Dir deshalb egal sei. In Deinen Worten: »Was Du gesagt hast, war töricht, Rebecca«, schwang ein Anflug von Heiterkeit mit, so als ob Du mich damit wirklich überführt hättest. Ich bin anderer Meinung. Aber es wird Dir gewiß eine enorme Genugtuung sein, mich als eine überspannte junge Frau zu sehen, die mit einem voll-

kommen unnützen Herzanfall durch Deinen Salon getaumelt ist.

Das ist eine hintergründige Schmeichelei. Aber ich hasse es, wenn Du das, was ich reinen und ehrlichen Herzens getan habe, so in den Schmutz ziehst. Das hast Du schon einmal getan, als Du in Deinem Brief von meinem »Selbst« gesprochen hast, das »sehr viel mehr wert« sei, als ich glauben würde. Mir unterstellend, daß ich ein Wochenende mit Horatio Bottomley im Brighton Metropole geplant hätte. Obwohl ich Dir geschrieben hatte, um Dir zu sagen, daß ich Dich liebe. Und das hast Du am Freitag nun wieder getan, als Du mir sagtest, ich wolle mich nur ordentlich amüsieren und daß meine Denkweise zwar nicht völlig verdorben, aber doch vergiftet sei, von Leuten, die mit häßlichen Worten über die wirklich schönen Dinge sprechen würden. Das zu sagen war abscheulich von Dir.
Es gab Zeiten, da war Dir meine Bereitwilligkeit, Dich zu lieben, schön und mutig vorgekommen. Ich denke noch immer, daß es das war. Aber altjüngferlich, wie Du bist, kannst Du eine Frau, die sich hoffnungslos in einen Mann verliebt, nur für unanständig halten …

❦

In Ibsens Stück *Rosmersholm* begegnet die 1892 in London geborene Cicely Isabel Fairfield der Figur der Rebekka West. Deren Namen gibt sie sich und publiziert fortan unter diesem Pseudonym – Kritiken, Romane und Reportagen. Sie arbeitet für *Harper's Bazaar*, die *New York Herald Tribune* oder den *Daily Telegraph*. Im September 1912 verfasst sie für die feministische Frauenzeitung *Freewoman* eine provokante Kritik über Herbert George Wells' soeben erschienene Novelle *Marriage*, auf Deutsch *Die Geschichte einer Ehe*. Zu dieser Zeit hatte der erfolgreiche Autor bereits eine lange Liste von Publikationen vorzuweisen, darunter so berühmte Romane wie *Die Zeitmaschine, Der Unsichtbare, Krieg der Welten* oder *Die ersten Menschen auf dem Mond*. Sein Kopf sei wohl zu sehr von »Raumschiffen und Kolloiden« absorbiert gewesen, bemerkt Rebecca West und spottet scharfzüngig über Wells' Liebesdialoge und vor allem über sein Frauenbild. Wells ist weniger gekränkt als fasziniert davon, dass sich eine gerade mal zwanzigjährige Journalistin mit einer solchen Chuzpe an ihn heranwagt. Er lädt Rebecca zu sich ein, und sie verlieben sich. In abenteuerlichem Tempo muss die Geschichte vorangeschritten sein. Rebeccas Brief vom März 1913 jedenfalls lässt darauf schließen, dass die beiden Liebenden in diesen wenigen Monaten schon enorme Höhen und Tiefen hinter sich hatten. Es scheint ein Abschiedsbrief zu sein, ein endgültiger Abgesang auf ihre Liebe. Dabei war es erst deren Anfang.

Ganze zehn Jahre sollten sie ein Paar bleiben und sogar ein gemeinsames Kind bekommen. Zehn Jahre des Zusammenseins, ohne dass an H. G. Wells' Ehe mit Amy Catherine Wells jemals auch nur zu rütteln gewesen wäre. So sittenstreng und prüde er in diesen Zeilen erscheint – und nicht nur hier: Fotografien zeigen ihn als schnauzbärtigen Biedermann –, so wenig war Wells dies im wirklichen Leben. Dort ging es viel lebhafter und abenteuerlicher zu: zwei oder drei Affären und drei Romane im Jahr waren für ihn ein »normales« Quantum. Kaum verwunderlich, dass er zum Ausgleich dafür eine gewisse »Bequemlichkeit« brauchte. Diesen Ruhepol fand er bei seiner Ehefrau, nicht aber bei seiner temperamentvollen und selbstbewussten Geliebten Rebecca West. Sie war tatsächlich »die Falsche«, um sich als ewige Nebenfrau bescheiden im Hintergrund zu halten. Dass sie dies alles von Anfang an erkannt hatte, kurierte sie nicht vom Fieber der Leidenschaft. Nicht anders als Ibsens Rebekka ringt sie um die Liebe eines verheirateten Mannes. Auf merkwürdige Weise gleicht ihr eigenes Schicksal dem der Figur aus dem Theaterstück. Doch von ihrem Pseudonym trennt sie sich nicht, wohl aber von ihrem Geliebten. 1923 bricht Rebecca West mit H. G. Wells.

»Panther« hatte er sie genannt, und sie ihn »Jaguar«. Wie zwei Wildkatzen hatten sie miteinander »herumgebalgt«, gekämpft und gespielt. Sie hatten gestritten und sich wehgetan – und doch füreinander »gebrannt«.

Wenn Sie eine schwedische Schauspielerin gebrauchen können, die auf italienisch nur »Ti amo« sagen kann

Ingrid Bergman an Roberto Rossellini

Beverly Hills, Mai 1948

Lieber Herr Rossellini,
ich sah Ihre Filme Rom, offene Stadt *und* Paisà, *und sie gefielen mir sehr. Wenn Sie eine schwedische Schauspielerin gebrauchen können, die sehr gut Englisch spricht, die ihr Deutsch nicht vergessen hat, aber im Französischen nicht besonders gut zu verstehen ist und die auf italienisch nur »Ti amo« sagen kann, dann bin ich bereit, zu kommen und einen Film mit Ihnen zu drehen.*
Ingrid Bergman

❦

Die charmant formulierte Bewerbung einer ehrgeizigen Schauspielerin um eine Rolle, oder doch viel mehr? Die wahre Bedeutung von Ingrid Bergmans »Ti amo« erschließt sich erst im Rückblick. Als sie im Mai 1948 diesen Brief an den italienischen Regisseur Roberto Rossellini sandte, war sie 33 Jahre alt und einer der weiblichen Topstars in Hollywood. In *Casablanca* hatte sie an der Seite von Humphrey Bogart gespielt, in *Wem die Stunde schlägt* mit Gary Cooper und für ihre Rolle in *Das Haus der Lady Alquist* den Oscar als beste Hauptdarstellerin erhalten. Ihr Mann, der Zahnarzt Petter Lindström, unterstützte ihre Schauspielkarriere, und sie liebte ihre gemeinsame Tochter Pia von ganzem Herzen. Und doch fühlte sich Ingrid Bergman in einer Sack-

Ingrid Bergman und Ehemann Roberto Rossellini mit ihrem Sohn Roberto Ingmar und den drei Wochen alten Zwillingen Isabella und Ingrid, am 10. Juli 1952 in ihrem Sommerhaus in der Nähe von Rom.

gasse – künstlerisch und wohl auch persönlich. Sie hatte genug von dem synthetischen Kino Hollywoods und ihrem Image als spröde, natürliche »Anti-Garbo«. Wie anders dagegen das Avantgarde-Kino Roberto Rossellinis, der seine Filme ohne Drehbuch realisiert! Rossellini schickt auf der Stelle ein Telegramm zurück: »Ich habe gerade mit großer Freude Ihren Brief erhalten, der mir an meinem Geburtstag zugestellt wurde und das wundervollste Geschenk von allen war. Ich träume schon lange davon, mit Ihnen einen Film zu drehen, und von diesem Augenblick an werde ich alles versuchen, um es möglich zu machen.« Wenig später folgt ein ausführliches Schreiben, in dem der Regisseur Ingrid Bergman den Film skizziert, den er mit ihr drehen will: *Strom-*

boli, ein Flüchtlingsdrama auf der gleichnamigen Vulkaninsel in der Nähe Siziliens.

Als ein Jahr später die Dreharbeiten beginnen, ist Ingrid Bergman nicht nur der neue Stern der Filme Rossellinis, sondern auch der neue Stern seines Lebens. Das »Ti amo« füllt sich mit Leben. Rossellini – ebenfalls verheiratet und von seiner Frau getrennt lebend – verlässt seine langjährige Geliebte und Muse Anna Magnani, und Ingrid Bergman reicht die Scheidung von ihrem Mann ein. Während der Dreharbeiten entdeckt sie, dass sie von Rossellini schwanger ist. Die Geburt ihres gemeinsamen Sohnes Roberto Ingmar im Februar 1950 löst in den USA einen Skandal aus: Die Bergman wird öffentlich geschmäht als ruchlose Hexe, die kaltblütig Mann und Kind sitzenlässt. Nachdem Rossellini die Annullierung seiner Ehe und sie die Scheidung durchgesetzt hat, heiratet das Paar im Mai 1950. In den acht Jahren ihres Zusammenlebens drehen sie sechs Filme zusammen und bekommen drei Kinder. Aber die künstlerische Zusammenarbeit gestaltet sich schwierig, die gemeinsamen Filme – allen voran *Stromboli* – geraten zu einem finanziellen Desaster. »Wir waren kein gutes Tandem«, urteilt Ingrid Bergman rückblickend. Am liebsten hätte es Rossellini wohl gesehen, wenn seine Frau ihre Karriere ganz aufgegeben und sich auf ein Leben als Hausfrau und Mutter beschränkt hätte. Doch Ingrid Bergman will sich nicht einengen lassen. 1957 wird die Scheidung bekanntgegeben. Schon zuvor hat sie in den USA den Film *Anastasia* gedreht. Und die Traumfabrik Hollywood schließt die heimgekehrte Schauspielerin wieder in die Arme. Für *Anastasia* gewinnt die Bergman einen weiteren Oscar als beste Hauptdarstellerin.

Und nun wird mein Traum, mit Dir zusammen alt zu werden, zu Staub

Claire Goll an Yvan Goll

23. Juli 1938
9 h Abends
[Paris, 14 Rue de Condé]

Mein Iwan,
einmal dichtetest Du:
»Pour qu' un jour dans notre vieillesse
Nous nous contemplions nous-mêmes«,
und nun wird mein Traum, mit Dir zusammen alt zu werden, zu Staub. Denn mein Iwan von einst ist mir verwandelt worden. Und in diesem Augenblick, da ich Rechenschaft ablegen muß, spüre ich stärker denn je, wie ich mich so gar nicht gewandelt habe und Dich immer noch liebe mit der schönen Liebe der guten alten Zeit, da Du mein Gefühl erwidertest mit dem Ernst der seltenen Verwandtschaft. Rücksichtslos hat eine Dritte einen Keil in dieses Gefühl und damit mich in den Tod getrieben. Und wenn ich auch in diesen Minuten alles verzeihe, habe ich doch eine heilige Bitte an Dich: lebe nicht mit Paula L. Du kannst nicht mit dem Menschen das Dasein genießen, der es mir raubt, der seit vielen Monaten wußte um das Nahen des notwendigen Endes. Eine böse Magie liegt seit 9 Jahren über uns: eine Sühne bist Du mir schuldig für den Kummer dieser langen Spanne Zeit, dem ich nicht mehr gewachsen bin und der mich ausbrechen ließ in zornige Schreie anstatt in Liebesworte. Mein Liebling, hin-

ter den Schreien (kindisch, rachsüchtig, verstockt) weinte die alte Liebe sich die Seele aus. Diese Seele wird über Dir wachen, die Zukunft gehört der, die nicht genug gebetet hat. Ein starkes Gebet will ich um Dich aufbauen wie einen Turm. Darinnen soll Dich die Wahre finden: das junge Mädchen, die Dir das Kind schenken soll, nach dem Du Dich sehnst.

Sei gesegnet, Geliebter, für die langen Jahre Güte. Und sei bedankt für alles Unnennbare. Nicht traurig sein, mein großes Kind! Denke an Deine Kunst; vielleicht macht sie die Trauer tiefer und größer.

Sei leis zu Deiner Mutter, lasse sie nicht mehr soviel allein. Sie ist eine brave Frau, ich weiß es jetzt, jetzt in dem Augenblick da man alles weiß. Umarme sie für mich; ein Brief wartet dort bei ihr auf Dich. Und sei väterlich zu meiner ärmlichen Doralies [Claire Golls Tochter aus erster Ehe].

Ich denke an Dich in übersinnlicher Zärtlichkeit solange ich denken kann und küsse ergeben Deine lieben Hände.

In alle Ewigkeit
Dein Zouzou

❦

Zehn Jahre waren Claire und Yvan (oder Iwan) Goll verheiratet, als Paula Ludwig 1931 in ihr Leben trat. Als »seltsames Bauernmädel mit ziemlich holzschnitthaftem Kopf, aber einer feinen Seele« beschreibt Yvan sie seiner Frau nach der ersten Begegnung. Bis dahin waren die außerehelichen Affären, die sich die Ehepartner wechselseitig zugestanden, oft Anlass für Streit und Eifersucht, aber sie gefährdeten nie das enge Band, das die beiden deutsch-französischen Dichter miteinander verflocht. Yvan und Claire lebten, dichteten, übersetzten und publizierten gemeinsam, waren einander

Kritiker, Lektor, Muse und Agent in einer Person. Er habe die Geschichten mit anderen Frauen immer nur deshalb begonnen, soll Yvan Goll einmal gesagt haben, um sich davon zu überzeugen, wie einmalig seine Frau Claire sei.

Doch mit Paula ist alles anders, sie treibt einen »Keil in dieses Gefühl«. Ein irdischeres und vitaleres Leben verspricht sich Yvan von seiner Geliebten. Und so versucht er mit Paula einen Neuanfang, ist aber doch hin- und hergerissen zwischen den beiden Lebensentwürfen und den beiden Frauen. Mal lebt, reist oder arbeitet er mit der einen, mal mit der anderen, beteuert Paula in flammenden Worten seine Liebe und bittet Claire zugleich, auf ihn zu warten.

Im Juli 1938 ist Claire Goll des jahrelangen Kampfes um ihren Mann überdrüssig. Sie beschließt, ihrem Leben ein Ende zu setzen, schreibt diesen Abschiedsbrief an ihn und nimmt eine Überdosis Veronal. Doch es ist weder ihr Ende noch das ihrer Ehe. Yvan findet seine Frau rechtzeitig, und Claire überlebt. Es braucht noch ein ganzes Jahr, bis Yvan endgültig Abschied von Paula Ludwig nimmt. Die Geliebte geht 1940 ohne ihn nach Brasilien. Er wird sie nie wiedersehen.

Yvan und Claire übersiedeln nach New York und kehren 1949 nach Paris zurück, wo Yvan im Februar des darauffolgenden Jahres an Leukämie stirbt. Fast drei Jahrzehnte Ehe liegen hinter ihnen. Claire will mit ihrem Mann sterben, doch Yvan verweigert am Sterbebett seiner Frau den gemeinsamen Tod und verlangt, sie solle weiterleben: für sein Werk. Bis zu ihrem einsamen Tod, 27 Jahre nach dem ihres Mannes, widmet sich Claire Goll dieser Aufgabe. Einen Großteil der Briefe Paula Ludwigs an ihren Mann vernichtet sie.

Ein Vierteljahrhundert später berichtet die Witwe in ihrer Autobiografie *Ich verzeihe keinem*, sie habe nach dem Tod ihres Mannes eine »mönchische Existenz« geführt und sich ausschließlich Yvan Golls Werk gewidmet, alle Liebe und alle Heiratsanträge ablehnend. Ein Zwanzigjähriger wird ihre Einsamkeit noch einmal durchbrechen und der hochbetagten Dichterin eine andere Seite der Liebe zeigen …

Es gefällt mir, wenn ich daran denke, daß mein geliebter Ludwig mit seiner Lolitta schlafen will

Lola Montez an König Ludwig I.

Genf, den 8. Juni 1848

Mi muy muy siempre querido Louis,

ich habe heute Deinen lieben Brief bekommen und das geküßt, wohin Du mit Deiner lieben Hand geschrieben hast ... Ohne Dich ist das Leben nichts für mich. Dein gütiger Brief an Herrn Rufenacht hat ihm gefallen. Ich bin jetzt wieder mehr zu Hause, aber ich brauche immer noch Dich, um alles zu haben. Die Bilder zeigen nicht den Ausblick zum Montblanc, den See und die Stadt in der Ferne. Ich werde immer auf Dich warten. Deine letzten Briefe haben mich so glücklich gemacht, da ich sehe, daß Du mich nicht vergessen hast. Jetzt bin ich Deiner Liebe sicher. Ich empfange niemanden, lebe zurückgezogen, außer zu den Rufenachts, der Familie Aubert, der Familie Vannier, alles Freunde von Rufenacht, und zwei Damen. Ich spreche mit ihnen über Dich, küsse Dein Bild. Ich nehme Harfen-Stunden, um mich jeden Tag abzulenken. Ich liebe es sehr. Ich bin jeden Tag an der Luft. Wir sind mitten auf dem Land, fast unabhängig ...

Ich träumte davon, daß wir uns auf der Straße begegnet sind, und im Vorbeigehen sagtest Du zu mir »mia querida Lolitta«, was mich so glücklich machte. Ich habe genug Zimmer für jeden, der mit Dir kommt. Das Haus ist sehr groß.

Wie kannst Du fragen, ob ich mit Dir besar *will? Du weißt, daß ich Dir ganz ergeben bin, daß ich Dich mehr und mehr für alles liebe, was Du für mich geopfert hast. Natürlich will ich, und es gefällt mir, wenn ich daran denke, daß mein geliebter Ludwig mit seiner Lolitta schlafen will. Ich liebe Dich mehr denn je, und jetzt bin ich auch wieder vollkommen gesund, viel mehr als in München. Ich habe für Dich zwei hübsche Zimmer auf demselben Stockwerk wie die meinen, die mit meinen verbunden sind. Schau auf das Bild vom Haus, das ich Dir geschickt habe. Deine Zimmer sind hinter den zwei Fenstern im ersten Stock, nahe der Türe, und zwischen Deinen und meinen Räumen sind die drei Fenster vom Salon, und die letzten zwei sind die meinen. Mi querido Louis, ich bitte Dich, mir treu zu sein, bis Du kommst, und dann kannst Du mit mir mit großem Gusto und Vergnügen schlafen. Mein Herz gehört Dir, auch mein* cuño, *alles.*

Auch wenn die sündige Welt alles getan hat, uns zu trennen. Aber Du bist mein Luis, wirst mein Luis bis in den Tod und der letzte Gedanke sein. Die Pferde sind ganz gesund und die Kutschen in Ordnung. Georg ist immer noch ein guter und ergebener Diener. Er hat wahrhaftig mein Leben an jenem schrecklichen, dunklen Februar [am Tag ihrer Flucht aus München] gerettet, weshalb ich ihn gut behandle … Rufenacht hat mir geholfen, die anderen Diener auszusuchen. Turk und Zampa [Lola Montez' Hunde] sind bei bester Gesundheit, und jeden Tag hat Zampa seine ABC-Stunde, so daß er es nicht vergißt, wenn Du da bist. Ich bin froh, daß Du den Don Quichotte liest. Damit übst Du Dein Spanisch, auch wenn Du es schon perfekt schreiben und lesen kannst. Es ist wichtig, daß Du auf Dich aufpaßt und Dich nicht quälst, mi muy amado Louis. Es wäre mein Ende, wenn Dir etwas passieren würde, Gott steh uns bei. Es ist elf Uhr nachts. Ich gehe zu Bett. Normalerweise gehe ich um zehn ins Bett und stehe um halb neun auf. Küsse über Küsse für Dich, mein für immer geliebter Louis. Sei mir nicht untreu, und liebe mich immer, wie ich Dich liebe, mit Herz, Seele und Leidenschaft. Deine treue, bis in den Tod zärtliche

Lolitta

❦

Sie stürzte zwei Regierungen des Königreichs Bayern, und schließlich stürzte auch der König über seine Liebe zu ihr: Eliza Gilbert oder María de los Dolores Porrys y Montez, wie sie sich selbst nannte, traf am 5. Oktober 1846 mit der Postkutsche im beschaulichen München ein. Drei Tage später stieg sie im schwarzen Samtkleid die Treppe zur Hofresidenz hinauf, um bei König Ludwig I. vorzusprechen. Papiere hatte die Tänzerin keine bei sich, aber sie war bereits eine europäische Berühmtheit. Weniger aufgrund ihrer tänzerischen Darbietungen – sie stand in Sevilla, London, Warschau und Paris auf der Bühne – als ihrer gesellschaftlichen Auftritte und ihrer Verführungskünste wegen. In Paris war sie die Geliebte des Schriftstellers und Journalisten Théophile Gautier, in Dresden hatte sie eine Affäre mit dem Komponisten und Klaviervirtuosen Franz Liszt. Die deutschen Zeitungen berichteten darüber, dass sie in Berlin einem Offizier ein Champagnerglas an den Kopf geworfen habe und einem Polizeikommissar mit der Reitgerte übers Gesicht gefahren sei. Dass sie keineswegs aus einem spanischen Adelshaus stammte, sondern als uneheliches Kind eines britischen Offiziers in Irland geboren wurde, wusste in Deutschland niemand.

Der 60-jährige König ist vom ersten Augenblick an gefangen von der jungen schwarzhaarigen Schönheit mit den leuchtend blauen Augen. Zwei Tage nach der Audienz führt sie ihre »spanischen Tänze« am Münchner Hoftheater auf, und wenig später empfängt sie Ludwig I. auf ihrem Zimmer im Hotel »Bayerischer Hof«. An einen vertrauten Freund schreibt der König: »Ich kann mich mit einem Vesuv vergleichen, der für erloschen galt, bis er plötzlich ausbrach. Eßlust und Schlaf verlor ich zum Teil, fiebrig heiß wallte mein Blut.« Der »königliche Vulkan« zeigt sich äußerst spendabel: Er öffnet seiner »Lolitta« seine Privatschatulle, richtet ihr ein standesgemäßes Palais ein und erhebt sie in den Adelsstand. Und bringt damit nicht nur seine Gattin, Königin Therese, sondern auch Minister und Berater, die katholische Kirche und schließlich sein Volk gegen sich auf. Karikaturen und Schmähschriften machen die Runde, die allgemeine Abneigung gegen die Mätresse des Königs mischt sich mit der revolutionären Stimmung des Vormärz. Als das Palais von Lola Montez von einer wütenden Menge belagert wird, flüchtet die Tänzerin in ihrer Kutsche von München in die Schweiz. Ein paar Wochen später – am 20. März 1848 – legt Ludwig I. die Krone nieder.

Der Rückzug vom Thron und die räumliche Entfernung, die zwischen den beiden Liebenden lag, taten Ludwigs Leidenschaft keinen Abbruch. Er unterstützte seine Lola weiterhin großzügig und bekundete ihr in zahlreichen Briefen seine Liebe. Über ihre Affären konnte er hinwegsehen, aber als er von Lolas Hochzeit mit dem englischen Offizier George Trafford Heald erfuhr, war er zutiefst gekränkt; er brach die Beziehung ab. Lola Montez' Ehe wiederum hatte nur kurzen Bestand. Sie kehrte auf die Bühne zurück, schrieb ihre Memoiren und übersiedelte schließlich in die Vereinigten Staaten. Vor ihrer Abreise aus Europa adressierte sie zum letzten Mal Post an den königlichen Geliebten: Sie erfüllte ihm seinen vielfach geäußerten Wunsch und schickte ihm per Boten all seine Briefe zurück. Nach Ludwigs Tod gelangte der Briefwechsel in die Königliche Hof- und Staatsbibliothek. Erst im Jahr 1995 erhielt die Öffentlichkeit Einblick in das Innenleben einer Liebesgeschichte, die zu den skandalumwittertsten des 19. Jahrhunderts gehört.

Ich bin jetzt empfindlich und mißtrauisch wie ein Hase

Rosa Luxemburg an Leo Jogiches

[Zürich, 16. Juli 1897]

Nein, ich kann nicht weiterarbeiten. Dauernd lenkt mich der Gedanke an Dich ab. Ich muß Dir ein paar Worte schreiben. Teuerster, Liebster, Du bist jetzt nicht bei mir, und meine ganze Seele ist erfüllt von Dir, sie umarmt Dich. Dir erscheint es sicher ungeheuerlich, vielleicht komisch, daß ich Dir diesen Brief schreibe, wir wohnen zehn Schritte voneinander entfernt, wir sehen einander dreimal täglich, übrigens – ich bin doch nur Deine Frau –, wozu also diese Romantik – nachts an den eigenen Mann Briefe schreiben? Ach, mein Goldener, mag es doch der ganzen Welt komisch erscheinen – nur nicht Dir, lies wenigstens Du diesen Brief mit Ernst und mit Herz, mit Gefühl, mit dem Gefühl, mit dem Du meine Briefe damals – in Genf – gelesen hast, als ich noch nicht Deine Frau war. Denn ich schreibe ihn mit dem gleichen Gefühl wie damals, und genauso drängt meine ganze Seele zu Dir, und genauso – überströmen die Augen mir von Tränen (hier lächelst Du sicher – »mich kann doch jetzt die geringste Kleinigkeit zu Tränen rühren!«).

Dziodzio, mein Lieber, weißt Du, warum ich Dir einen Brief schreibe, statt mündlich all das zu sagen? Weil ich es nicht mehr verstehe, weil ich es nicht mehr vermag, mit Dir von diesen Dingen so ungezwungen zu sprechen. Ich bin jetzt empfindlich und mißtrauisch wie ein Hase. Die kleinste Geste von Dir oder ein belangloses Wort pressen mir das Herz zusammen und verschließen den Mund. Ich kann nur dann so offen mit Dir sprechen, wenn ich mich von einer warmen, vertrauensvollen Atmosphäre umgeben fühle, und diese pflegt jetzt so selten bei uns zu sein! Sieh, heute floß ich von einem so seltsamen Gefühl über, das diese paar Tage der Einsamkeit und des Nachdenkens in mir geweckt haben, ich hatte Dir so viele Gedanken mitzuteilen, Du aber warst zerstreut, lustig und meintest, Du bräuchtest keine »Physik«, das heißt gerade alles das, was mich in diesem Augenblick erfüllte. Das hat mir so weh getan, aber Du hast gemeint, ich wäre ganz einfach unzufrieden, weil Du eilig aufbrichst. Ich hätte mich vielleicht auch zu diesem Brief jetzt nicht aufgerafft, aber mir hat das bißchen Gefühl Mut gemacht, das Du mir beim Abschied entgegenbrachtest, ein Dufthauch der Vergangenheit kam mich an, jener Vergangenheit, in Erinnerung an welche ich jede Nacht vor dem Einschlafen in den Kissen in Tränen fast ersticke. Mein Teurer, mein Lieber – Deine Augen suchen sicherlich schon ungeduldig – »Worauf will sie denn hinaus на коне́ц *[am Ende]«? Weiß ich, was ich eigentlich will? Ich will Dich lieben, will, daß zwischen uns diese weiche, zutrauliche, ideale Atmosphäre herrscht, wie sie in jenen Zeiten war. Du, mein Lieber, begreifst mich oft zu oberflächlich. Du denkst, daß immer deshalb »*дуюсь*« [ich schmolle], weil Du weggehst oder dergleichen. Und Du kannst Dir nicht vorstellen, daß mich das tief schmerzt, daß unser Verhältnis für Dich etwas rein Äußerliches ist. Oh, sag nicht, mein Lieber, daß ich das nicht verstehe, daß es nicht in der Weise äußerlich ist, wie ich denke. Ich weiß, ich verstehe, was das bedeutet, ich verstehe das deshalb, weil ich – fühle. Früher, wenn Du mir davon sprachst, so war das für mich ein leerer Klang, jetzt ist es – harte Wirklichkeit. Oh, ich spüre sehr gut diese Äußerlichkeit – ich spüre sie, wenn ich sehe, wie düster*

Du bist und Dich schweigend mit irgendwelchen Sorgen oder Unannehmlichkeiten selbst herumplagst und Dein Blick mir sagt – DAS IST NICHT DEINE SACHE, KÜMMERE DICH UM DEINE ANGELEGENHEITEN; *ich spüre sie, wenn ich sehe, wie Du, wenn wir irgendeinen größeren Streit hatten, diese Eindrücke in Dir verarbeitest und über unsere Beziehungen nachdenkst und zu irgendwelchen Schlüssen gelangst und irgendwelche Entschlüsse faßt und mit mir auf irgendeine Weise verfährst und ich außerhalb all dessen bleibe und nur mit meinem eigenen Hirn überlegen kann, was und wie Du denkst; ich spüre sie nach jeder Vereinigung, wenn Du mich beiseite schiebst und Dich verschlossen an die Arbeit machst; ich spüre sie schließlich, wenn ich in Gedanken mein ganzes Leben, meine ganze Zukunft umfasse, die sich mir darstellt wie eine Gliederpuppe, die durch einen äußeren Mechanismus zum Strampeln gebracht wird. Mein Teurer, mein Lieber, ich beklage mich nicht, ich will nichts, ich will nur, daß Du nicht jedes Weinen von mir als Weiberszenen auffaßt. Weiß ich es überhaupt? Ich bin sicherlich sehr, vielleicht am meisten schuld daran, daß zwischen uns kein ausgeglichenes und warmes Verhältnis herrscht. Aber was kann ich tun – ich kann nicht, kann nicht meine Verhaltensweise beherrschen. Ich weiß nicht wieso, ich bin nicht imstande, die Lage zu erfassen, ich bin nicht imstande, Schlußfolgerungen zu ziehen, ich bin nicht imstande, Dir gegenüber eine bestimmte Haltung einzunehmen – in jedem Augenblick verhalte ich mich so, wie es mir die Eingebungen diktieren, sowie sich in meiner Seele viel Liebe und Leid ansammelt – werfe ich mich Dir an den Hals, sowie Du mich durch Kälte beleidigst – zerreißt es mir die Seele, und ich hasse Dich – ich könnte Dich umbringen. Mein Goldener, Du kannst doch verstehen und nachdenken, Du hast es stets für Dich und für mich getan in unserem Verhältnis! Warum willst*

Du es jetzt nicht mit mir zusammen tun? Warum läßt Du mich allein? Ach, mein Gott, ich wende mich so an Dich, dabei ist es vielleicht wahr, was mir immer häufiger so scheint, daß vielleicht – Du mich schon nicht mehr so liebst? Wahrlich, wahrlich – ich fühle das so oft.

Bei mir findest Du jetzt alles so schlecht und häßlich. Du empfindest kaum das Bedürfnis, die Zeit mit mir zu verbringen! Übrigens, weiß ich denn, was mir diesen Gedanken aufdrängt? Ich weiß nur, wenn ich so meine Gedanken schweifen lasse, wenn ich alles in allem mir vorstelle, so sagt mir etwas, daß Du jetzt weit glücklicher wärest, wenn das nicht wäre, daß Du lieber irgendwohin davonlaufen und das ganze Geschäftliche loswerden möchtest. Oh, mein Lieber, ich verstehe das vollkommen, ich sehe, wie wenig Klarheit für Dich in diesem Verhältnis ist, wie ich an Deinen Nerven zerre mit diesen Szenen, diesen Tränen, diesen Kleinigkeiten, sogar mit diesem Unglauben an Deine Liebe. Ich weiß es, mein Goldener, und wenn ich daran denke, so möchte ich gern irgendwo sein beim Teufel oder am besten nicht sein, dieser Gedanke schmerzt mich so, daß ich mich in Dein reines, stolzes, einsames Leben mit meinen Weibergeschichten, mit meiner Unausgeglichenheit, mit meiner Unordentlichkeit hineingedrängt habe, und wozu, wozu, zum Teufel? Ach Gott, wozu davon sprechen – zwecklos. Mein Lieber, Du wirst wieder fragen, worauf ich denn hinauswill? Nichts, nichts, mein Teurer, ich will nur, daß Du weißt, daß ich Dich mit meiner Person nicht so blind und gefühllos quäle, ich will, daß Du weißt, daß ich oft und bitter aus diesem Grund weine, und doch wieder – ich verstehe es nicht, ich weiß nicht, wie ich mich verhalten, wie ich mir helfen soll. Mal denke ich, es wäre am besten, Dich so selten wie möglich zu sehen, ein andermal wieder springe ich auf und möchte alles vergessen und mich Dir in die Arme werfen und mich ausweinen, dann wieder kommt dieser verfluchte Gedanke und flüstert mir zu – laß ihn in Ruhe, er erträgt das alles nur noch aus Taktgefühl – und zwei, drei Kleinigkeiten bestätigen gerade das, in mir steigt Haß auf, und ich möchte Dich quälen, Dich beißen, Dir zeigen, daß ich Deine Liebe nicht brauche, daß ich auch ohne Dich fertig werde, dann wieder quäle und gräme ich mich allein, und so geht es stets im Kreise, im Kreise.

»Wieviel Dramen!« nicht wahr? »Langweilig! Immer ein und dasselbe.« Und ich habe ein solches Gefühl, als hätte ich nicht einmal den zehnten Teil von dem gesagt und gar nicht das gesagt, was ich wollte.

Wann wäre gerecht die Zunge der Stimme, die Stimme dem Gedanken, wo hielte je den Blitz des Gedankens das Wort in Schranken.

Nun, lebe wohl! Ich bedaure schon beinahe, daß ich geschrieben habe. Vielleicht wirst Du böse sein? Vielleicht wirst Du lachen? O nein, lach nicht.

Nur Du allein, Geliebte, entbiete
Willkommen dem Gespenst wie einst!
Dziodzio, Dziodzio!

❦

Über fünfzehn Jahre waren sie ein Paar – doch niemand sollte davon erfahren. So war es der ausdrückliche Wunsch von Leo Jogiches. In Gegenwart anderer redeten sie sich stets mit »Sie« an, nur wenn sie unter vier Augen waren, ließen sie das Versteckspiel hinter sich. Dann nannte Rosa Luxemburg ihren Geliebten zärtlich »Dziodzio«. Beide waren im Herrschaftsgebiet des russischen Zarenreichs aufgewachsen – sie in dem polnischen Städtchen Zamość, er im litauischen Wilna –, und beide wurden sie wegen ihres poli-

Rosa Luxemburg und Leo Jogiches 1892 in Zürich.

tischen Engagements in ihrer Heimat verfolgt: Rosa Luxemburg hatte sich nach dem Abitur als 17-Jährige der polnischen Arbeiterbewegung angeschlossen und war, nachdem die Polizei ihr auf die Spur gekommen war, untergetaucht. Der vier Jahre ältere Leo Jogiches war als Anführer einer revolutionären Verschwörergruppe verhaftet und zu einer mehrjährigen Zuchthausstrafe verurteilt worden. Beiden gelang die Flucht nach Zürich, wo sie sich im Jahre 1890 in den Emigrantenzirkeln begegneten. Sie teilten die politische Überzeugung, und doch konnten sie ihrem Wesen nach kaum unterschiedlicher sein. Er ein gut aussehender Mann, hochgewachsen, mit durchdringendem Blick und blauen Augen, aber im Innern streng, verschlossen und schweigsam. Sie klein von Statur mit einem unverhältnismäßig großen Kopf, von Geburt an durch einen Hüftfehler leicht hinkend, aber aufgeschlossen, unternehmungslustig und charismatisch. Gemeinsam gründen sie eine geheime Partei, die Sozialdemokratische Arbeiterpartei des Königreichs Polen. Die langen Zeiten der Trennung; die erzwungene öffentliche Geheimhaltung; die Scheinehe, die Rosa mit

Gustav Lübeck einging, um die deutsche Staatsbürgerschaft zu erhalten: All das konnte ihre Beziehung zu Leo nicht erschüttern. Doch als sich Rosa Luxemburg 1907 in Kostja Zetkin, den Sohn ihrer Gefährtin Clara, verliebt, trifft sie den Entschluss, sich von Leo zu trennen.

Ihre gemeinsame Geschichte ist damit aber nicht zu Ende. Während ihrer Zeit im Gefängnis – mehr als drei Jahre verbringt Rosa Luxemburg während des Ersten Weltkriegs in sogenannter Schutzhaft – kümmert sich Leo fürsorglich um sie. Beide gehören nun dem Spartakusbund an, der auf eine revolutionäre Entwicklung in Deutschland setzt. Am 15. Januar 1919 werden Rosa Luxemburg und ihr Weggefährte Karl Liebknecht von Soldaten verschleppt, misshandelt und anschließend getötet. Ihre Leichen werfen die Mörder in den Berliner Landwehrkanal. Die Behörden bemühen sich, die Tatumstände zu vertuschen. Vier Wochen nach den Morden erscheint in der Zeitschrift *Die Rote Fahne* ein aufsehenerregender Artikel, in dem offengelegt wird, was in jener Januarnacht wirklich geschah. Sein Verfasser: Leo Jogiches. Seine Courage bezahlt er mit dem Leben. Am 10. März 1919 wird Leo Jogiches verhaftet und in der gleichen Nacht im Untersuchungsgefängnis Berlin-Moabit ermordet.

Gestern während ich Dich liebte und alle nassen Zweige von Deinem Wege entfernte

Juliette Drouet an Victor Hugo

Les Metz, 8 1/2 Uhr, 10. Oktober 1835

Mein angebeteter Victor, meine Liebe, mein großer Victor, ich bin immer bei Dir oder bei Ihrem Geiste. Gestern während ich Dich liebte, während ich Dir in der Seele folgte und alle nassen Zweige von Deinem Wege entfernte, bin ich in meine Wohnung zurückgekehrt, das Herz übervoll von Liebe und Entzücken. Ich habe gegessen, ich habe Dir geschrieben, und dann habe ich die drei ersten Akte von »Marion« bis um elf Uhr gelesen. Ich habe also seitdem Du von mir fort bist, in meinem Herzen und meinen Gedanken nichts anderes getan als Dich lieben und Sie bewundern.

Oktober 1835

Ich liebe Dich, das steht fest; ich lasse mich hinreißen ich bin heftig, das ist nicht ganz mein Fehler und ich will nur zur Hälfte die Verantwortung tragen, um so mehr als in den Ausbrüchen meiner Heftigkeit ebensoviel Furcht wie Gewohnheit schlechter Erziehung ist. Wenn ich das Unglück gehabt habe, ungerecht gegen Dich zu sein, so bereue ich es so sehr, daß die Vorwürfe, die Du mir machst, überflüssig sind, denn ich leide schon zu sehr unter denen, die ich mir innerlich mache.

Les Metz [ohne Datum]

Ich habe Dir ausführlich über wenig interessante Sachen geschrieben, während mein Herz voll Liebe und mein Geist voll von Dir ist. Du weißt, es gibt Jahreszeiten für das Herz wie für die Erde, in deren Innern der Keim aller Dinge ist, wie der Keim der Liebe im Grunde meines Herzens ruht, und dann kommt eine Zeit, ein Moment, wo alles das aus der Erde und dem Herzen dringt, in wenigen Minuten, wie die Pilze, die wir sehen. Heute ist all meine Liebe in Glück aus meinem Herzen gedrungen. Ich bin glücklich, ich liebe Dich, ich sehne mich nach Dir, ich erwarte Dich.

❦

Wer einmal auf der Pariser Place de la Concorde zur Statue der Madame Strasbourg hinaufgeblickt hat, kennt das Gesicht von Juliette Drouet. In dieser Figur hat sie der französische Bildhauer James Pradier verewigt, dessen Modell, Freundin und Geliebte sie war. Pradier, der sie später mit einem unehelichen Kind zurückließ, ermutigte Juliette zu einer Karriere als Schauspielerin. Und auf den Bühnen von Paris hat sie Erfolg, wohl nicht so sehr wegen ihres herausragenden Talents als vielmehr wegen ihrer bezaubernden Schönheit. Ihren Reizen erliegt auch der berühmte französische Romancier Victor Hugo. Im Frühjahr 1833 begegnen sie sich bei den Proben zu Hugos Stück *Lucrezia Borgia*. Juliette ist zu dem Zeitpunkt sechsundzwanzig, Hugo dreißig und seit zehn Jahren verheiratet. Die Liebe muss eingeschlagen haben wie ein Blitz. Schon wenige Tage später sind Victor Hugo und Juliette Drouet ein Liebespaar. Stürmische Szenen der Eifersucht soll es gegeben haben, nicht wegen Hugos Ehe, sondern weil Juliette ihr bestehendes Verhältnis nicht sofort beenden wollte. Im Lauf der Zeit gibt sie vieles auf: das Theater, die Hoffnung auf eine Ehe, die Möglichkeit eines öffentlichen Lebens als Paar. Sie widmet Hugo ihr Leben und räumt »alle nassen Zweige aus seinem Weg«. Sie ist ihm Muse, Geliebte und Gefährtin – mehr als fünfzig Jahre lang. Selbstlos, großzügig und zärtlich ist sie in ihrer Liebe. Privat ist Hugo ihr »Vielgeliebter«, ihr »Angebeteter«, ist er »Du«, doch zugleich verehrt sie in ihm auch den großen Dichter und belässt es dafür beim »Sie«. Aber Juliette ist keineswegs die niedliche Gespielin mit begrenztem Horizont. Immer nimmt sie Anteil an Hugos künstlerischem Werk, ist ihm Kritikerin und Ratgeberin. Und sie schreibt selbst, schreibt ihm Briefe, 18 000 an der Zahl. 18 000 Briefe für einen einzigen Mann, für den sie nie die Einzige sein sollte.

Nach dem Tod von Hugos Frau Adèle im Jahr 1868 übernimmt Juliette die Rolle der treusorgenden Ehefrau. Auch jetzt wird die Beziehung nicht legalisiert. Seine Zuneigung und seine Gedichte widmet Hugo immer wieder anderen, jüngeren Frauen. Ohne die kommt er scheinbar nicht aus, doch ebenso wenig ohne Juliette. »Jede Nacht, bevor ich einschlafe«, schreibt er ihr, »bitte ich Gott in meinem Gebete, daß Du mir keinen Tag meines Lebens fehlen mögest und daß er uns nach unserem gemeinschaftlichen Tode in seiner ewigen Glückseligkeit vereinigen möge.« Juliette Drouet stirbt zwei Jahre vor Hugo und wird auf einem kleinen Friedhof vor den Toren der Stadt begraben. Den Grabstein mit einer Gedichtzeile Hugos, den sie sich gewünscht hatte, bekam sie nicht. Der berühmte Dichter findet 1885 seine letzte Ruhestätte viele Kilometer von ihr entfernt: Er erhält einen Ehrenplatz im Pariser Panthéon.

Benjamin, Sie haben mein Leben verzehrt!

Madame de Staël an Benjamin Constant

Stockholm, Juni 1812

Seit zwei Monaten habe ich nichts von Ihnen vernommen, seit zwei Jahren habe ich Sie nicht gesehen. Erinnern Sie sich Ihrer Behauptung, wir würden nicht voneinander getrennt sein? Ich kann wohl sagen, Sie haben sich, abgesehen von allem Übrigen, eine schöne Karrière entgehen lassen, und ich, was soll aus mir werden in der Vereinsamung meines Geistes? Mit wem kann ich reden, und werde ich mich selbst erhalten? Mein ältester Sohn ist bei mir, er ist zum Sekretär der Gesandtschaft in den Vereinigten Staaten ernannt … Meine Tochter wird Ihnen von Göteburg schreiben. Es wird ihr letztes Lebewohl sein, wie auch das meine; aber ich hoffe noch, daß Sie das Bedürfnis empfinden, uns wiederzusehen, und nicht umkommen zu lassen, was Gott Ihnen geschenkt hatte …

Ich reise zu den Doxat, und dort bleibe ich und warte oder sterbe vielleicht; wer weiß, was Gott von uns begehrt?

Ich habe immer Briefe von Ihnen bei mir; ich öffne nie mein Schreibzeug, ohne sie in die Hand zu nehmen. Ich betrachte die Adresse. Alles, was ich durch diese Schriftzüge gelitten habe, macht mich schaudern und doch wünschte ich deren wieder zu erhalten. Mein Vater, Sie und Mathieu [de Montmorency] weilen in einem Teil meines Herzens, der für ewig geschlossen ist. Dort leide ich immer und immer wieder auf eine neue Art. Ich bin dort gestorben und lebe dort, und wenn ich in den Wellen umkäme, würde meine Stimme die drei Namen rufen, von denen ein einziger unheilvoll war. Ist es möglich, daß Sie das alles vernichtet haben, daß eine Verzweiflung wie die meinige Sie nicht aufhalten konnte? Nein, Sie sind schuldig, und nur Ihr bewundernswerter Geist spiegelt mir noch Illusionen vor. Leben Sie wohl, leben Sie wohl! Was ich leide, können Sie nicht verstehen.

London, November 1813

Nein, fürwahr, ich vergesse Sie nicht. Ich wollte, ich könnte es, denn tief in der Seele trage ich einen Schmerz, den Zerstreuungen beschwichtigen, der aber erwacht, sobald ich allein bin. Es ist das unwiderruflich verfehlte Glück! Hätten Sie den Charakter des Freundes, der mir so treu ergeben ist, gehabt, so wäre ich allzuglücklich gewesen. Ich habe es nicht verdient. Ein Wiedersehen mit Ihnen wäre die Auferweckung meines Geistes und einer Hoffnungsfähigkeit, die mit allem übrigen für immer erloschen ist. Wenn Sie nicht hierher kommen, werde ich nach dem Kontinent reisen. Es scheint mir, daß man es kann. Aber wer weiß, was aus der Welt werden wird? Die Freiheit ist ebensosehr nach der einen wie nach der andern Seite hin bedroht. Vor allem aber tut es Not, daß der, der außerhalb der menschlichen Natur steht, nicht länger regiere. Eine Denkschrift, die Schlegel mir zuschickte, habe ich den Ministern übergeben. Sie war geschrieben wie alles, was von Ihnen kommt. Ich glaube nicht, daß ein solcher Stil, eine solche Festigkeit und Klarheit der Sprache sich wiederfinden werden. Sie wären für die höchsten Stellen bestimmt gewesen, wenn Sie die Treue gegen sich selbst und gegen andere gehalten hätten …

[…] Benjamin, Sie haben mein Leben verzehrt! Seit zehn Jahren ist kein Tag vergangen, ohne daß mein Herz durch Sie gelitten hätte. Wie habe ich Sie geliebt! Lassen wir alles das, weil es so grausam ist, und doch werde ich Ihnen nie vergeben können, weil ich nie zu leiden aufhören werde …

Das Sandgebäude des Lebens ist ein mühselig Ding, und nichts hat festen Bestand als der Schmerz. Schreiben Sie mir.

❦

Anne Louise Germaine de Staël – Tochter des Genfer Bankiers und zeitweiligen französischen Finanzministers Jacques Necker und Ehefrau des Schweizer Diplomaten Eric Magnus von Staël-Holstein – pflegt in ihrem Pariser Salon den Umgang mit Politikern, Schriftstellern, Philosophen und Künstlern. Sie ist hochgebildet, geistreich und eloquent und scheut sich nicht, auf das politische Geschehen Frankreichs Einfluss zu nehmen. Wegen ihrer rebellischen Haltung gegenüber Napoleon, dem Mann, »der außerhalb der menschlichen Natur steht«, wird sie später sogar zeitweilig aus Paris verbannt. Besonders ihre Betrachtungen *Über Deutschland*, im Original *De l'Allemagne*, machen sie auch über die Grenzen Frankreichs hinaus bekannt.

1794 begegnet Germaine de Staël in der Schweiz dem Schriftsteller und Politiker Benjamin Constant. Der hatte gerade all das von sich abgeschüttelt und hinter sich gelassen, was ihn quälte: seine Stellung als Kammerherr am Hof des Herzogs von Braunschweig, die stickige Enge seines Ehelebens und seine Geliebte Charlotte von Hardenberg. Die freigeistige Madame de Staël ist für ihn wie eine Offenbarung, ein »höheres Wesen, wie es nur einmal in einem Jahrhundert vorkommt«. Er bestürmt sie mit leidenschaftlicher Anbetung. Die Angebetete findet den rothaarigen Bewunderer zunächst körperlich abstoßend und bedauert, dass sein Benehmen das Einzige überdeckt, was sie an ihm schätzt: »einen sehr überlegenen Geist«. Etwas anderes als Freundschaft scheint ihr nicht vorstellbar, und so bleibt das Verhältnis lange auf eine geistige Ebene beschränkt. Zwischen beiden entwickelt sich eine produktive intellektuelle Gemeinschaft, in der Madame de Staël ihren neuen Freund unterstützt und protegiert. Constants verzweifeltes Werben, bei dem er alle Register zieht – inklusive eines Freitodversuchs mit Opium –, zeigt dann aber doch Wirkung. Im Frühjahr 1797 versprechen sie einander in einem gemeinsamen Liebesmanifest, sich gegenseitig ihr Leben zu widmen. »Wir erklären, daß wir uns als unlöslich verbunden betrachten, daß unser Schicksal in jeder Hinsicht für immer ein gemeinsames ist.« Eine Tochter, Madame de Staëls viertes Kind, besiegelt das Versprechen. An den letzten Punkt des Liebesschwures, »daß keiner von uns eine andere Verbindung eingehen wird«, halten sie sich jedoch nicht. Madame de Staël war nicht nur ein freier Geist, sondern auch eine Anhängerin der freien Liebe.

Constant, erschöpft von den Turbulenzen des Zusammenlebens mit diesem »Sturmwind in Weibskleidern« – so Heinrich Heine –, vertraut schon 1802 seinem Tagebuch an, dass seine Liebe erloschen sei. Er sehnt sich nach einem »Wesen, das leicht glücklich zu machen ist und dessen Existenz sich mühelos in meine schmiegt«. Als er der Braunschweiger Geliebten, Charlotte von Hardenberg, wiederbegegnet, setzen sie die einstige Beziehung fort. Dennoch hält er Germaine de Staël die Treue und wagt nicht, ihr von dem Verhältnis zu berichten. Auch dann nicht, als er dieses 1808 durch eine Eheschließung legalisiert. Als Germaine davon erfährt, wird aus dem »Sturmwind« ein tobender Orkan. Schließlich gibt sie ihn widerwillig frei und stürzt sich in ein Verhältnis mit einem 22 Jahre jüngeren Offizier.

Von den vielen Männern in ihrem Leben bleiben im Rückblick nur drei wirklich wichtig: ihr Vater, ihr langjähriger Freund Mathieu de Montmorency-Laval und Benjamin Constant. Auch Jahre nach dem Ende ihrer Beziehung zu Constant sind die Wunden nicht verheilt. Bis zu Germaines Tod im Jahr 1817 machen sie sich mit Streitigkeiten, Drohungen und Vorwürfen gegenseitig das Leben schwer. Am 19. September 1816 notiert Benjamin Constant in seinem Tagebuch: »Heute vor 22 Jahren zu genau dieser Stunde habe ich Madame de Staël zum ersten Mal gesehen. Ich hätte besser daran getan, diese Beziehung nicht einzugehen, und schließlich, sie nicht zu beenden. Sie war der Tyrann, aber auch der Zweck meines Lebens.«

Du hast beim Bridge gewonnen, Süße! Und beim Poker auch!

Colette an Missy

Grand Nouvel Hôtel
Lyon, [11. Dezember 1908]

Du hast meine Depesche erhalten und weißt, daß wir viel Erfolg haben, Süße. Obendrein ein Publikum, das entschlossen ist, die geringste Grimasse Deines unausstehlichen Scheinkindes bezaubernd zu finden, woraufhin ich mein Spiel noch outriert habe, weil sie das hier so wollen. Die Kameraden sind begeistert, und alle sagen: »Oh! Man sollte das Stück nicht nur sechs, sondern fünfzehn Tage lang auf dem Spielplan belassen!« Ich habe geanwortet, daß ich keinen Tag länger bliebe. Und falls sie mich wiederhaben wollen, um die Kasse zu füllen, wüßten sie, wo sie mich finden können … und werden dann auch mehr zahlen. Oder etwa nicht? Aber niemand weiß, daß sich der wichtigste und einzig wahre Grund für meine Ablehnung in der Rue Torricelli befindet, daß sie aschblondes Haar und goldbraun gesprenkelte Augen hat, die fast schwarz wirken …

Ich bin im Nouvel Hôtel, kann aber noch nicht in mein Zimmer mit eigenem Bad, weil es erst in einer Stunde frei wird. Also bleibt mir der Schreibsalon als einzige Zuflucht. Außerdem regnet es. Du kannst Dir nicht vorstellen, wie ich gestern abend auf dem Weg ins Theater gegen diese peitschenden Regenböen ankämpfen mußte! Man findet hier keine Droschke!

Stell Dir vor, mein Missy, der Direktor der Scala, der mit

Baret assoziiert ist, kam in meine Garderobe, um mir zu gratulieren! Warum ich Dir das erzähle? Weil das eine Sensation ist. Es war das erste Mal, daß sich dieser Pinscher mit seinem giftigen, falschen Blick höchstselbst um einen Schauspielkünstler bemüht! Also fühle ich mich gebührend geschmeichelt. Sechs Tage noch. Wenn ich erst den Sonntag hinter mir habe … Ich habe die ganze Nacht über schlecht geträumt. Ich prügelte mich mit einer Serviererin im Restaurant und spürte sogar die Kälte einer Messerklinge … Dann bist Du abgereist, ans Meer, ich sah Dich auf dem Schiff, Du warst zu bleich und hattest zu schwarze Augen. Ich wachte mit Fieber auf und leide noch an Migräne … Eine arme, traurige Poucette war auch da.

Die Barelli und der kleine Vermeil sind sehr nett zu mir, sie haben mir Veilchensträuße in die Garderobe gelegt. Unter uns gesagt, liebe Missy, die Barelli schmachtet mich fürchterlich an, während ich, ach wie rührend, ihr daraufhin meine Verwirrung bekunde! Der kleine Vermeil ist ein Marcel, wie wir ihn noch nie gesehen haben – hübscher Junge, schick, tuntig, nicht dumm auf der Bühne, sehr schurkisch in der letzten Szene, also sehr gut. Und Vouthier sehr abstoßend und sehr gut als Renaud, der allzu schwatzhafte Vater.

Du hast beim Bridge gewonnen, Süße! Und beim Poker auch! Trotzdem verhalte ich mich untadelig, einfach so!

Es regnet natürlich. Gräßliches Land!

Paris, 3. Januar 1907. Auf dem Programm des Moulin Rouge steht ein Einakter, ein Pantomimenstück für zwei Personen mit dem Titel *Rêve d'Égypte* – »Traum Ägyptens«. Die Darsteller: die Tänzerin Colette und eine geheimnisvolle Person namens »Yssim«. Wie ein Lauffeuer verbreitet sich das

Gerücht, dass sich hinter dem Namen »Yssim« Mathilde de Morny, die Tochter des stadtbekannten Herzogs von Morny, verberge – und nichts weniger als ein handfester Skandal zu erwarten sei. Um 22.45 Uhr hebt sich der Vorhang, der Blick der Zuschauer fällt auf die als schöne ägyptische Mumie verkleidete Colette, in einen edelsteinbesetzten Sarkophag gebettet. Daneben der »Archäologe« Mathilde de Morny, der die ihm zu Füßen liegende Mumienschönheit zum Leben erweckt. Ein Raunen geht durch den Zuschauerraum, während sich Colette zuerst aus ihrem Sarkophag, dann aus ihren Umhüllungen schält. Als sich die ausgepackte Mumie in die Arme des Archäologen wirft, um ihm einen langen Kuss zu geben, wächst sich das Rumoren zum Pfeifkonzert aus. Spazierstöcke, Orangen und Sitzkissen fliegen auf die Bühne, von irgendwoher tönt der Ruf »Nieder mit den Lesben!« Im Foyer kommt es nach der Aufführung zu Handgreiflichkeiten. Die Polizei wird gerufen und die Vorstellung per Verordnung des Präfekten von Paris für abgesetzt erklärt.

Zu jenem Zeitpunkt, an dem Colette und Mathilde de Morny ihre Beziehung auf so spektakuläre Weise öffentlich machen, sind sie bereits seit fast zwei Jahren ein Paar – ein wahrhaft schillerndes Paar: Auf der einen Seite die hübsche 34-jährige Varietétänzerin, Schauspielerin und Schriftstellerin Colette, die sich gerade im Scheidungsprozess von ihrem Mann, dem Autor und Salonlöwen Henry Gauthier-Villars, befand. Für ihn und in dessen Namen hatte sie in jahrelanger Arbeit eine Serie höchst erfolgreicher Romane, die sogenannten Claudine-Romane, geschrieben. Auf der anderen Seite die zehn Jahre ältere Herzogstochter Sophie-Mathilde Adèle Denise de Morny, linker Hand mit Napoleon III. verwandt, eine schillernde Figur der Pariser Gesellschaft mit besonderer Vorliebe für schöne Frauen und teure Krawattennadeln. Ihr aschblondes Haar trug sie kurz geschnitten,

Colette (links) und Mathilde de Morny, genannt Missy, in *Rêve d'Égypte* im Moulin Rouge in Paris, Januar 1907.

und stets zeigte sie sich im dunklen Herrenanzug. Von ihren Angestellten wurde sie »Monsieur le Marquis« genannt, von guten Freunden »Missy«.

Die Reaktionen auf den gemeinsamen Auftritt fielen so heftig aus, dass sich Missy und Colette nicht mehr zusammen in der Öffentlichkeit zeigen konnten. Für eine Weile zogen sie sich in ihr Haus in der Rue Torricelli zurück. Hier hatte Colette die obere Wohnung im ersten Stock, Missy die im Parterre. Von ihrem gemeinsamen Zuhause ist auch in dem hier abgedruckten Brief die Rede, den Colette ihrer Freundin im Dezember 1908 aus Lyon schreibt. Dort steht sie in einer Theateradaption ihrer Claudine-Romane auf der Bühne. Sechs Jahre sind Missy und Colette ein Paar, im Jahr 1911 geht ihre Liebe zu Ende. Mit dem 24-jährigen Offizier, Playboy und Amateurboxer Auguste Hériot tritt eine neue Figur in Colettes Leben – und viele weitere, Männer wie Frauen, werden im Lauf ihres langen Lebens folgen. Nicht wenige ihrer Lieb- und Leidenschaften gehen in das Romanwerk Colettes ein, das ab 1908 entsteht. Von *La Vagabonde* über *Mitsou* bis hin zu *Chéri* – alle ihre gefeierten Bücher kennen nur ein großes Thema: die Liebe in all ihren Schattierungen.

Ich möchte, daß Du mich trägst wie eine Knopflochblume – für die Welt

Zelda Sayre an F. Scott Fitzgerald

[März 1919, Montgomery, Alabama]

Liebster –

bitte, bitte, sei nicht so niedergeschlagen – Bald sind wir verheiratet, und dann ist für immer Schluß mit diesen einsamen Nächten – und bis es soweit ist, liebe ich, liebe jede winzige Minute Tag und Nacht – Vielleicht wirst Du das nicht verstehen, aber manchmal, wenn ich Dich am meisten vermisse, ist es am schwierigsten zu schreiben – und Du weißt immer, wenn ich mich bemühe – Einfach wie weh das alles tut –, und ich kann *es Dir nicht sagen. Wenn wir zusammen wären, würdest Du spüren, wie stark es ist – Du bist so süß, wenn Du melancholisch bist. Ich liebe Deine traurige Zärtlichkeit – wenn ich Dich verletzt habe – Das ist einer der Gründe, warum mir unsere Streitereien nie leid tun konnten – und Dich haben sie so mitgenommen – Diese lieben, lieben Kräche, wenn ich dann immer alles versucht habe, damit Du mich wieder küßt und vergißt – Scott – ich will nichts auf der ganzen Welt außer Dir – und Deiner kostbaren Liebe. Alle materiellen Dinge sind nichts. Ich würde es einfach nur verabscheuen, ein knauseriges, farbloses Leben zu führen – denn dann würdest Du mich bald weniger – und weniger lieben – und ich würde alles tun – alles –, um Dein Herz in meinem Besitz zu behalten – ich möchte nicht leben – ich möchte vor allem lieben und nebenbei leben – Warum spürst Du nicht, daß ich warte – Lover, ich werde zu Dir kom-*

men, wenn Du bereit bist – Du darfst nie – nie an die Dinge denken, die Du mir nicht geben kannst. Du hast mich mit dem teuersten Herzen, das es gibt, beschenkt – und das ist so verdammt viel mehr als alles, was sonst jemand auf der ganzen Welt je besessen hat –

Wie kannst Du überhaupt an ein Leben ohne mich denken – Wenn Du sterben solltest – o Liebling – Scott Liebling –, wäre es wie Blindwerden. Ich weiß, ich würde auch sterben – ich hätte keinen Lebenszweck mehr – wäre nur noch ein hübsches – Zierstück. Meinst Du nicht, daß ich für Dich gemacht wurde? Ich empfinde so, als hättest Du mich in Auftrag gegeben – und ich wäre Dir zugestellt worden – um getragen zu werden. Ich möchte, daß Du mich trägst, wie einen Anhänger an der Uhrkette oder eine Knopflochblume – für die Welt. Und dann, wenn wir allein sind, möchte ich Dir helfen – wissen, daß Du nichts *ohne mich tun kannst.*

Heute ist Dienstag, und der Ring ist nicht gekommen – ich möchte ihn tragen, damit die Leute sehen können –

Von ganzem Herzen –
Ich liebe Dich
Zelda

»Liebstes Herz«, schreibt Zelda Sayre im Februar 1920 ihrem Verlobten F. Scott Fitzgerald, »nun werden wir heiraten und für immer glücklich leben ganz wie die Prinzessin in ihrem Turm.« Der Anfang einer Liebe, rein und voller Hoffnung! Daran ändern auch die »lieben, lieben Kräche« nichts, die sich bald einstellen. Im Sommer 1918 hatte Zelda Scott bei einem Countryball in ihrer Heimatstadt Montgomery, Alabama, kennengelernt. Wenige Monate später war der Erste Weltkrieg zu Ende und damit auch Scotts Einsatz als Leutnant der US-Army. Das gemeinsame Leben konnte beginnen. Am 22. März 1919 erreicht Zelda »der Ring«, der Verlobungsring von Scotts Mutter. Ein Jahr und einen Tag später heiraten sie. Scott ist 24, Zelda 19. Das junge Paar übersiedelt nach New York, der wirtschaftliche Boom der Stadt und des ganzes Landes wird auch für sie ein Höhenflug. Scotts erster Roman *Diesseits vom Paradies* ist ein triumphaler Erfolg. Zelda und Scott Fitzgerald avancieren zu gefeierten Berühmtheiten auf allen Partys der Stadt. »New York glänzte wie der Anfang der Welt«, sagt Scott über jene Tage. Später verankern sie ihr Leben in Westport, Connecticut, und sie bekommen eine Tochter. Als Zelda ebenfalls mit dem Schreiben beginnt, konkurrieren und streiten sie um das Vorrecht, das gemeinsam Erlebte zum Stoff für ihre Geschichten zu machen.

Aber die ersten Monate in New York sind ungetrübt. Wie glückliche Kinder geistern sie durch die Stadt, ziehen vor einem Hotel zum nächsten, springen in den Brunnen vor dem New York Plaza und fahren Karussell mit den Drehtüren. Viel Geld haben sie nicht, aber das, was sie haben, geben sie aus. Sie schwimmen ganz oben auf der Welle der »Roaring Twenties«, elegant, mit Charme und Esprit. Ihre Enkelin schreibt später über sie: »Die Namen Scott und Zelda rufen Erinnerungen an Taxis in der Dämmerung, an glänzende Hotelhallen und verrauchte Hotelzimmer hervor, an jene unkonventionellen Frauen, die man damals *flappers* nannte, an gelbe Reisewagen, weiße Anzüge, große Trinkgelder, Expatriierte und an die Lost Generation.«

Zehn Jahre später sind Scott und Zelda selbst »verloren«, die Weltwirtschaftskrise geht einher mit dem persönlichen Zusammenbruch. Zelda gerät in einen Zustand körperlicher und seelischer Erschöpfung. Am 23. April 1930 wird sie in eine Klinik eingeliefert. In das normale Leben kehrt sie danach nur noch vorübergehend zurück. Qualvolle Zeiten folgen, Krankheit und Geldsorgen geben den Ton an. Zelda leidet unter Schizophrenie, Scott unter Alkoholsucht. Der Turm der Prinzessin ist zusammengebrochen. Das Ende des schönen Märchens ist düster: Scott erliegt 1940 mit 44 Jahren einem Herzanfall, Zelda stirbt 1948 mit knapp 48 Jahren bei einem Brand in ihrer Klinik. Bis zuletzt halten Briefe die Verbindung. »Die guten Dinge und die ersten Jahre werden mir immer bleiben«, schrieb Zelda im April 1934 an Scott.

Ach Du zehnfach erstarrter Eisbär Du – das Wort Liebe ist noch nicht bis zu Dir gedrungen

Adele Sandrock an Arthur Schnitzler

Dienstag [2. Januar 1894] 1 Uhr Nachts.

Mein Arthur mein heißersehnter, einziger Gedanke Du! Den ganzen Tag, den Beginn der Nacht, habe ich mit mir gerungen – und mir ist, als ob an jedem meiner Gedanken von Dir eine Thräne hinge, selbst meine rasende Freude des Wiedersehens ist heute keine rechte wahre Freude. Ich kann den abscheulichen Gedanken nicht los werden, ein »fremdes« habe sich zwischen uns gedrungen, ich habe darunter gelitten, leide noch, und finde es ist wohl zu früh *gelitten, dieser gräßliche Schmerz hat meine Sinne geschärft und ein untrügliches Ahnungsvermögen in mir entwickelt – für kommendes Leid. Ja Du einziger angebeteter Freund – nicht Freund – nein – mein* Alles *– ich fühle künftiges Leid in meinem Herzen, wie der Kranke den Wetterumschlag. Ich habe heute nicht die Kraft, diese seltsamen Eindrücke von gestern Nacht niederzuschreiben, ich kann Dich nur bitten, erspare mir solche Stunden, die ich heute erlebte. Es ist ein weiter, weiter Weg bis zum Wahnsinn, das hab ich heute selbst erfahren. Jetzt nachdem ich Dich gefunden, nachdem ich Dich geküßt, mit der brennenden Begier im Blute, jetzt soll der Faden des Glücks losgelöst werden, ich soll in den Schutt der Vergangenheit zurücksinken?* Nein *– nicht für alle Ewigkeit mit diesem qualvollen Martyrium beladen sein – und hat sich das blöde Würfelspiel des Schicksals wieder einmal gegen* *mich entschieden – so verliere ich jeglichen Muth und werde endlich begreifen, daß meinem Leben eigentlich der energische Abschluß fehlt. Ich möchte weinen Arthur – und ich kann es nicht, ich bin heute gebrochen, hoffnungslos, hilflos wie ein Kind. Großer Gott, könnte ich doch diese vier Wochen Seligkeit auslöschen – alles Erlebte, alles Glück sogar die Erinnerung daran unterdrücken. – Dann würde ich aber den Zusammenhang meines Lebens verlieren – Gott – was soll ich thun? Kind – bring mich auf andere Gedanken. – Ich werde Deinen süßen Brief noch einmal lesen! – Also es ist gut, daß wir uns nicht täglich seh'n – man kommt sonst zu gar keiner Idee – – – daß ist die Moral eines* Schwächlings, *Verzeih – aber mich beleidigt diese Ansicht. Kann man denn ein Wesen, das man liebt, genug seh'n? – Ach Du zehnfach erstarrter Eisbär Du – das Wort Liebe ist noch nicht bis zu Dir gedrungen, sonst könntest Du einen solchen Frevel nicht begeh'n. Nun was ich gethan habe heute? Ja, Du süßes Herz – das werde ich Dir gewiß, wenn wir uns* zufällig *halt wieder einmal begegnen sollten, erzählen. Bahr hat mir sein Leben seine Liebe zu Füßen gelegt? –*

Jeder – nur Du nicht – und daran erkrankte ich –! was für Leute die Du nicht kennst? – Hach – – – – fort mit diesem Brief – das ist kalter entsetzlicher Hohn – – – weg – ja, ja, ja, ja, ja Du bist gemüthsroh – *denn du* bist *es! Lese Du nur Deine Briefe von Goethe. Das ist die richtige Lectüre für Dich – und erst jetzt komme ich mir großartig vor, nicht weil ich Dir noch nicht geschrieben – nein – weil ich Dich trotzalledem, trotz Deiner Ironie, trotz Deiner Kälte* über alles Maß liebe, unaussprechlich liebe. *10 000 mal unterstrichen.*

Ich bitte dieses Geständnis nicht ernst zu nehmen. – Ich bitte überhaupt mir nie zu glauben, was ich sage ist alles erlogen – frech erlogen – ist alles gar nicht richtig –

ich liebe Dich nicht, ich liebe einen Anderen – ich bin *Dir gar nicht treu – Heute Abend,* jetzt, *grad jetzt hab ich dich betrogen – ich mag Dich nicht – ich bin schlecht, ich führe ein brutales Leben, die Untreue kann ich* Hundertmal *unterstreichen, überhaupt bin ich das schlechteste Weib auf der Welt! So – vielleicht glaubst Du mir* jetzt, *wenn ich Dir sage, daß ich Dich* rasend *blödsinnig lieb habe! – Nicht wahr Schatz, Du glaubst es mir? – Wenn ich mich jetzt vor Dir niederwerfe, Deine lieben Hände ergreife, Dir fest, fest, voll und tief in die Augen schaue und Dir sage – »Arthur ich bete Dich an« – dann glaubst Du es mir. Töte endlich Deinen Zweifel – ja bitte? Dann bekommst Du einen süßen Kuß mehr – aber maustot muß er sein. Gott, wie lange habe ich keinen Kuß von* Dir *bekommen! Warte, ich mach die Augen zu und halte ganz still. – So – Arthur jetzt hat mir meine Sonne wieder einen Strahl gegönnt – Du wirst sehen, jetzt werde ich wieder brav und glücklich sein. Der Wolkenflor des Kummers wollte mir schon voreilig meine Sonne verdunkeln, der Diltsch,* Dein *Diltsch aber duldet das nicht – er rafft sich zusammen – um alles Böse, das auf ihm lasten soll, abzuschütteln – das Glück ist nicht dahin – das Leben zeigt sich ihm von einem rosigen Schimmer verklärt, wie er sich das geträumt, er sieht nun ganz deutlich, daß er es viel besser haben soll als Tausende und Millionen andere arme Hunde – denn er hat als Untergrund für seine weitere Existenz doch ein ganz klein wenig Liebe von Dir. Kuß, Du Engel? – ich bin nicht nur Deine Mätresse, die abgedankt wird, wenn man ihrer* überdrüssig *geworden? Nein, Du liebst mich* doch. *Jetzt muß ich aber den Brief schließen, und Du ihn mir verzeihen. Ich habe hundertundzwanzig Pulsschläge in der Minute, das ist kein Zustand mehr. Ja – so zerstört halt der große geniale Arthur Doctor Schnitzler ein Menschenleben. Sieh mir ins Gesicht – lach nicht! – Willst Du das Leben mir verschönern – dann schenke mir Dein Vertrauen und Dein[en] Glauben. –*

Und lieb haben mußt Du mich auch, sonst – – – – sonst müßte ich Dich lassen und müßte zu Grunde *gehen ohne Dich! Jetzt sage mir noch eins, Arthur. Was bist Du nur für ein Mann? Unglaublich süß, lieb – lieb – halt – nicht davonlaufen – aushalten – ja – Du bist* einzig – einzig, *ein Stück vom Herrgott – der ersehnte Glanz? – Du bist ja – na – und bei all dem Glanz eine so schrecklich nüchterne Seele – Du kannst ja doch nicht lieben.*

Und doch *bist Du mein süßer Liebling.*

Ich bin Dir heut noch treuer geworden, als ich es bisher schon war; zu meiner Liebe kam noch die Verehrung und die Ehrfurcht vor der Heiligkeit Deines Genies. Ich habe das Märchen wieder gelesen – das ist doch ein herrliches Stück! Nun aber – wann sehe ich Dich? – ich schreibe es Dir nicht – ich überlasse es Dir. – Der Herr Doctor wird mich durch seine gnädige Huld glücklich machen – aber bitte bald kommen. Jetzt ist es $2\frac{1}{2}$ *Uhr. Wenn ich jetzt so schroff und rauh würde – wie Du gestern Abend beim Fortgehen? Ich habe mich wohl gewundert – nun süßer heiliger Schatz, bei Dir heißt es eben Geduld haben! Einen rechten Trost finde ich in dieser Belehrung nicht, aber sie bestärkt mich doch in meinem Vorsatze meine Selbstbeherrschung nie wieder zu verlieren, möge kommen was da wolle. So –!! Hallllllll–loh – Hallllllll–loh – so wird das gesagt. – Schluß! Mich lieb haben –* komme *bald – und mein Auge meine Seele wird aufleuchten wenn ich Dich sehe – – das soll aber Deine Idee sein – nicht meine. Schatz – Arthur damit ist es nicht abgethan – meine Lebensflamme* brennt für Dich *– lasse sie nicht erlöschen. Das ist für heute der einzigste Wunsch Deiner*

Dich anbetenden Dilly

Im Herbst 1893 sucht der Schriftsteller Arthur Schnitzler nach einer passenden Besetzung für die Aufführung seines Stückes *Das Märchen* am Deutschen Volkstheater in Wien. Dort feiert seit einiger Zeit die Schauspielerin Adele Sandrock rauschende Erfolge. Die Inszenierungen, in denen sie zu sehen ist, sind wahre Kassenschlager, auch wenn es sich meist um zweitrangige Werke zweitrangiger Autoren handelt. Sie sehnt sich nach anspruchsvollen modernen Rollen. Im Gegensatz zu ihr ist Arthur Schnitzler noch weithin unbekannt. Und Schriftsteller nur im Nebenberuf, im Hauptberuf ist er praktizierender Arzt. Gerade hat er seine Stellung an der Poliklinik Wien aufgegeben und eine eigene Praxis eröffnet – vor allem, um mehr Zeit zum Schreiben zu haben. Von einer Zusammenarbeit, davon sind die Schauspielerin und der Autor überzeugt, können sie beide nur profitieren.

Doch die hochgesteckten Erwartungen an das Stück erfüllen sich nicht. Die Premiere des *Märchens* im Dezember 1893 gerät zum Fiasko, nach nur zwei Vorstellungen wird das Stück abgesetzt. Zu diesem Zeitpunkt hat sich die berufliche Beziehung zwischen Adele Sandrock und Arthur Schnitzler längst aufs Private ausgedehnt. Fünfzehn Monate lang werden die beiden ein Paar sein. Es ist eine Beziehung voller Extreme. Sie ziehen sich an und stoßen sich ab, rauschhafte Glücksmomente stehen im Wechsel mit quälenden Szenen der Eifersucht und der Kränkung. Und stets wird Arthur Schnitzler Adele Sandrock an der verflossenen ersten großen Liebe seines Lebens, Marie Glümer, messen. Für ihn ist die Sandrock »Dämon, liebes Kind, Engerl, Tragödin, Genie, Fratz, Canaille, Liebling, süßes Herz, fascinierende Person« und »gefährliches Wesen«. Unterm Strich: die »große Künstlerin mit der mittelgroßen Seele«. In den vielen Briefen, die sich die beiden schreiben, gibt er sich meist ironisch und zurückhaltend, sie sich temperamentvoll und theatralisch. Auf die Kunst der Stichelei verstehen sich beide. Nach nur einem Monat Beziehung schreibt Schnitzler seinem »Diltsch«: »Ich verstehe dich nicht, du verstehst mich nicht, wir verstehen uns nicht – die alte Liebeskonjugation …«

Zusammen sind wir stark genug, es mit dieser erbärmlichen Welt aufzunehmen

Wallis Simpson an König Edward VIII.

[Claridge's Hotel, Felixstowe, 14. Oktober 1936]

Mein Lieber,

darauf waren weder Du noch ich gefaßt – auf diese Hetzjagd der Presse. Möchtest Du immer noch, daß ich es [die Scheidung von Ernest Simpson] zu Ende führe? Ich habe nämlich das Gefühl, es wird Deiner Popularität im Lande schaden. Gestern abend haben die Hunters mir so vieles erzählt, was mich schaudern machte – und heute bin ich ganz krank und durcheinander, weil wir bis 4 Uhr früh geredet haben. Beinahe hätte unser Gespräch im Streit geendet, da es natürlich nicht angenehm war zu hören, wie der Mann auf der Straße über mich denkt. Ich höre, man hat Dich im Kino ausgepfiffen, und ein Mann im Smoking hat sich im Theater geweigert aufzustehen, als »God Save The King« gespielt wurde, und auch, daß sie irgendwo hinzufügten »und Mrs. Simpson«. Wirklich, David, Darling, wenn ich Dir so sehr schade, ist es da nicht besser, ich mache mich heimlich aus dem Staub? Heute hat Ernest angerufen, um mir zu sagen, daß er mit Telegrammen von der amerikanischen Presse bombardiert wird, und auch, daß es gestern abend in Amerika im Radio kam. [...] Ich kann mir nicht helfen, ich spüre, daß Du Ärger mit dem Unterhaus usw. bekommen wirst und daß sie Dich zwingen könnten, abzudanken. Ich darf Dich nicht in diese Lage bringen. Auch habe ich schreckliche Angst, daß der Richter hier die Nerven verlieren wird – und was dann? Es tut mir leid, daß ich Dich so quälen muß, mein Liebling – aber ich fühle mich wie ein Tier in der Falle und dann noch diese beiden Geier, die mich damit plagen, wie Du Deine Popularität verlierst – durch mich. Bitte, bitte, sag, was Dir für alle Beteiligten am besten scheint, wenn Du mich anrufst, nachdem Du diesen Brief gelesen hast. Zusammen, denke ich, sind wir stark genug, es mit dieser erbärmlichen Welt aufzunehmen – aber getrennt von Dir fühle ich mich eanum *und habe Angst um Dich, Deine Sicherheit, usw. Auch sagen die Hunters, es könnte leicht sein, daß man mit Steinen nach meinem Wagen wirft. Halt mich fest, bitte, David.*

❦

Ein Königreich für die Liebe. Am Abend des 11. Dezember 1936 versammelt sich ganz England vor dem Radio. König Edward VIII. wendet sich in einer Rundfunkansprache an die Öffentlichkeit. Erst im Januar desselben Jahres hat Edward, Prinz von Wales, nach dem Tod seines Vaters den englischen Thron bestiegen, nun gibt er seine Abdankung bekannt: »Ohne die Hilfe und die Unterstützung der Frau, die ich liebe, ist es mir unmöglich, die Pflichten zu erfüllen, die mir als König obliegen.« Das Land hält den Atem an.

Die Frau, um derentwillen der König sein Königreich hingibt, heißt Wallis Simpson. Sie ist Amerikanerin, geboren in Baltimore, und sie ist eine geschiedene Frau. Mit zwanzig hatte sie einen Marineflieger geheiratet, der sich als notorischer Trinker entpuppte. Nach der Scheidung von ihm heiratete sie erneut, und zwar den amerikanischen, in London ansässigen Geschäftsmann Ernest Simpson. Im Januar 1931 macht das Ehepaar Simpson anlässlich einer Entenjagd die Bekanntschaft des Prinzen von Wales. Wallis Simpson ist überrascht von der »großen Natürlichkeit« des Prinzen,

Den Zwängen der Monarchie entflohen: Herzogin und Herzog von Windsor zu Beginn der Vierzigerjahre.

seiner »Fröhlichkeit und Lebenslust«, und Edward beeindruckt von der »anziehenden, intelligenten, sehr amerikanischen Frau«. Die Simpsons werden zu ständigen Gästen des Prinzen, Prinz Edward und Mrs. Simpson ein Liebespaar. Die Öffentlichkeit nimmt lange davon keine Notiz – bis aus dem Prinzen der König von England geworden ist. Nun wird aus dem Liebesverhältnis eine Staatsaffäre. König Edward ist fest entschlossen, Wallis Simpson zur Frau zu nehmen, im August 1936 reicht sie die Scheidung von ihrem Mann ein. Aber der konservative Premierminister Baldwin, die anglikanische Kirche und nicht zuletzt die königliche Familie sind gegen die Hochzeit – eine geschiedene Frau als Königin sei dem englischen Volk nicht zuzumuten. Sie stellen den König vor die Wahl: Entweder Edward verzichtet auf Wallis Simpson, oder er muss die Krone niederlegen. Wallis Simpson bietet dem König – in ihren Briefen nennt sie ihn David – an, die Scheidung zurückzuziehen, doch der will davon nichts wissen. Am 10. Dezember 1936 unterzeichnet er die Abdankungsurkunde, sein Bruder folgt ihm als George VI. auf den Königsthron.

Ein halbes Jahr später, am 3. Juni 1937, heiraten Wallis und Edward – nun Herzogin und Herzog von Windsor – im kleinen Kreis auf Schloss Candé in Frankreich. Fortan lebt das Paar im Ausland und führt ein mondänes Leben. An ihrem Wohnsitz in Neuilly-sur-Seine bei Paris trifft sich der internationale Jetset zu glanzvollen Empfängen und Partys. Und die internationalen Gazetten feiern die Herzogin als die eleganteste Frau der Welt. Die Liebe des Paares hält bis zum Lebensende.

Editorische Anmerkung

Die in diesem Band versammelten Briefe sind nicht chronologisch angeordnet und auch nicht nach thematischen Gesichtspunkten. Die Abfolge der Briefe richtet sich nach ebenso subjektiven Kriterien der Herausgeber wie ihre Auswahl. Die vorangestellten Titel greifen Zitate aus den jeweiligen Schreiben auf. Orts- und Datumsangaben im Briefkopf wurden, sofern sie im Original nicht vorhanden waren, ergänzt – ungesicherte Datierungen und Zuschreibungen sind in eckigen Klammern vermerkt. In der Kopfzeile ist jeweils der zum Zeitpunkt des Verfassens gültige Name der Verfasserin und des Adressaten genannt.

Der Wortlaut der Briefe folgt den jeweiligen Vorlagen. Interpunktion und Orthografie wurden nicht angeglichen, lediglich offensichtliche Rechtschreibfehler wurden stillschweigend korrigiert.

Auslassungen innerhalb der einzelnen Briefe sind mit [...] vermerkt. Ziel war es, dem Leser einen möglichst unverfälschten Eindruck der Briefe zu geben und größere Auslassungen nur dort vorzunehmen, wo dies aufgrund der Länge der Texte unbedingt nötig erschien. Erklärungen und Zusätze der Herausgeber erscheinen ebenfalls in eckigen Klammern.

Quellen und Nachweise

Ingeborg Bachmann an Paul Celan
Ingeborg Bachmann, Paul Celan: Herzzeit. Ingeborg Bachmann – Paul Celan. Der Briefwechsel. Frankfurt am Main: Suhrkamp 2008.

Manon Balletti an Giacomo Casanova
Giacomo Casanova. Chevalier de Seingalt. Gesammelte Briefe. Band 1: Aus der intimen Korrespondenz. Herausgegeben von Enrico Straub. Aus dem Französischen und Italienischen übersetzt von Heinz von Sauter. Berlin: Propyläen 1969.

Simone de Beauvoir an Nelson Algren
Simone de Beauvoir: Eine transatlantische Liebe. Briefe an Nelson Algren 1947–1964. Herausgegeben, mit einem Vorwort, Zwischentexten und Anmerkungen versehen von Sylvie Le Bon de Beauvoir. Deutsch von Judith Klein. Reinbek bei Hamburg: Rowohlt 1999.

Ingrid Bergman an Roberto Rossellini
Ingrid Bergman und Alan Burgess: Ingrid Bergman. Mein Leben. Aus dem Englischen von Bernd Lubowski. Berlin/Frankfurt/Wien: Ullstein 1980.

Sarah Bernhardt an Jean Mounet-Sully
Anne Penesco: Mounet-Sully, l'homme aux cent cœurs d'homme. Paris: Les Éditions du Cerf 2005.
Aus dem Französischen übersetzt von Gisela Sturm.

Camille Claudel an Auguste Rodin
Reine-Marie Paris: Camille Claudel. 1864–1943. Aus dem Französischen von Annette Lallemand. Frankfurt am Main: S. Fischer 1989.

Colette an Missy
Colette: Lettres à Missy. Texte établi et présenté par Samia Bordji et Frédéric Maget. Paris: Éditions Flammarion 2009.

Aus dem Französischen übersetzt von Gisela Sturm.

Marie Curie an Pierre Curie
Eve Curie: Madame Curie. Aus dem Französischen von Maria Giustiniani. Frankfurt am Main: S. Fischer 2. Aufl. 1977.

Hilde Domin an Erwin Walter Palm
Hilde Domin: Die Liebe im Exil. Briefe an Erwin Walter Palm aus den Jahren 1931–1959. Herausgegeben von Jan Bürger und Frank Druffner unter Mitarbeit von Melanie Reinhold. Frankfurt am Main: S. Fischer 2009.

Annette von Droste-Hülshoff an Levin Schücking
Briefe von Annette von Droste-Hülshoff und Levin Schücking. Herausgegeben von Theo Schücking. Leipzig: Grunow o. J.

Juliette Drouet an Victor Hugo
Französische Liebesbriefe aus acht Jahrhunderten. Herausgegeben von Tony Kellen. Leipzig: Julius Zeitler 1907.

Isadora Duncan an Gordon Craig
Your Isadora. The Love Story of Isadora Duncan & Gordon Craig. Herausgegeben von Francis Steegmuller. New York: MacMillan & The New York Public Library 1974.
Aus dem Englischen übersetzt von Gisela Sturm.

Eleonora Duse an Gabriele D'Annunzio
Briefe der Weltliteratur. Liebesbriefe. Herausgegeben von Kurt Fassmann. München: Kindler 1964.

Janet Flanner an Natalia Danesi Murray
Janet Flanner: Darlinghissima. Briefe an eine Freundin. Herausgegeben und kommentiert von Natalia Danesi Murray. Aus dem Englischen übersetzt von Kyra Stromberg und Heinrich v. Berenberg. München: Antje Kunstmann 1995.

Martha Gellhorn an Ernest Hemingway
Martha Gellhorn: Ausgewählte Briefe. Herausgegeben von Caroline Moorehead. Aus dem Englischen von Miriam Mandelkow. Zürich: Dörlemann 2009.

Claire Goll an Yvan Goll
Meiner Seele Töne. Das literarische Dokument eines Lebens zwischen Kunst und Liebe aufgezeichnet in ihren Briefen. Neu herausgegeben und kommentiert von Barbara Glauert. Frankfurt am Main: Scherz 1978.

Frida Kahlo an Diego Rivera
Frida Kahlo: Cartas Apasionadas. Briefe der Leidenschaft. Herausgegeben von Martha Zamora. Aus dem Spanischen und Englischen von Lisa Grüneisen. Zürich: Fretz & Wasmuth 1999.

Zarin Katharina II. an Fürst Grigori Potemkin
Simon Sebag Montefiore: Katharina die Große und Fürst Potemkin. Eine kaiserliche Affäre. Aus dem Englischen von Bernd Rullkötter und Sabine Baumann. Frankfurt am Main: S. Fischer 2009.

Hildegard Knef an Kurt Hirsch
Petra Roek: »Frag nicht, warum!«. Hildegard Knef. Die Biographie. Hamburg: edel VITA 2009.

Else Lasker-Schüler an Herwarth Walden
Else Lasker-Schüler: Mein Herz. Ein Liebesroman mit Bildern und wirklich lebenden Menschen. Frankfurt am Main: Suhrkamp 1976.

Julie de Lespinasse an den Comte de Guibert
Julie de Lespinasse: Briefe einer Leidenschaft 1773–1776. Übersetzt und herausgegeben von Johannes Willms. München: Beck 1997.

Rahel Levin an Karl Graf von Finckenstein
Aus Rahel's Herzensleben. Briefe und Tagebuchblätter. Herausgegeben von Ludmilla Assing. Leipzig: Brockhaus 1877.

Rosa Luxemburg an Leo Jogiches
Rosa Luxemburg: Gesammelte Briefe. Band 1. Institut für Marxismus-Leninismus beim ZK der SED. Übersetzung aus dem Polnischen von Hildegard Bamberger, Eduard Ullmann unter Mitarbeit von Ines Mietkowska-Kaiser. Berlin: Dietz 1984.

Erika Mann an Pamela Wedekind
Erika Mann: Briefe und Antworten. Band I: 1922–1950.
München: Deutscher Taschenbuchverlag 1988.
© 1984 Verlag Heinrich Ellermann, München

Katherine Mansfield an Garnet Trowell
Katherine Mansfield: Briefe. Herausgegeben von Vincent O'Sullivan. Aus dem Englischen von Eike Schönfeld.
Frankfurt am Main/Leipzig: Insel 1992.
© Insel Verlag, Frankfurt am Main/Leipzig 1992

Carson McCullers an Reeves McCullers
Carson McCullers: Die Autobiographie. Illumination and Night Glare. Carson und Reeves McCullers: Kriegsbriefe 1944–1945. Herausgegeben und mit einer Einleitung versehen von Carlos L. Dews. Aus dem Amerikanischen von Brigitte Walitzek. Frankfurt am Main: Schöffling 2002.
© Schöffling & Co. Verlagsbuchhandlung GmbH, Frankfurt am Main 2002

Paula Modersohn-Becker an Otto Modersohn
Paula Modersohn-Becker: Briefe und Tagebuchblätter.
Weimar: Gustav Kiepenheuer 1966.

Marilyn Monroe an Joe DiMaggio
Quelle: Bill Sanderson, Fox News vom 17. April 2006

Lola Montez an König Ludwig I.
Ludwig I. und Lola Montez: Der Briefwechsel. Herausgegeben von Reinhold Rauh und Bruce Seymour.
München/New York: Prestel 1995.
© Prestel Verlag, München/New York 1995

Anaïs Nin an Henry Miller
Briefe der Leidenschaft 1932–1953. Das Zeugnis einer einzigartigen literarischen und erotischen Beziehung. Herausgegeben von Gunther Stuhlmann. Aus dem Amerikanischen von Helga Künzel. München: Droemer Knaur 1992.

Édith Piaf an Marcel Cerdan
Édith Piaf und Marcel Cerdan: Moi pour toi. Lettres d'amour. Paris: Éditions J'ai lu 2007.

Aus dem Französischen übersetzt von Gisela Sturm.

George Sand an Alfred de Musset
Liebesbriefe berühmter Männer und Frauen. George Sand an Alfred de Musset. Wien/Leipzig: Wiener Verlag 1906.

Adele Sandrock an Arthur Schnitzler
Adele Sandrock und Arthur Schnitzler: Geschichte einer Liebe in Briefen, Bildern und Dokumenten. Zusammengestellt von Renate Wagner. Wien/München: Amalthea-Verlag 1975.

Dorothy Sayers an John Cournos
The Letters of Dorothy L. Sayers. 1899–1936: The Making of a Detective Novelist. Ausgewählt und herausgegeben von Barbara Reynolds. London: Hodder and Stoughton 1995.

Aus dem Englischen übersetzt von Gisela Sturm.

Zelda Sayre an F. Scott Fitzgerald:
F. Scott und Zelda Fitzgerald: Lover! Briefe. Übersetzt von Dora Winkler. Herausgegeben von Jackson R. Bryer und Cathy W. Barks. Ausgewählt, erläutert und mit einem Nachwort versehen von Hanns Zischler. München: Deutsche Verlags-Anstalt 2004.

Wallis Simpson an König Edward VIII.
Die Windsors. Briefe einer großen Liebe. Die private Korrespondenz aus dem Nachlass der Herzogin von Windsor. Herausgegeben von Michael Bloch. Aus dem Englischen von Ingeborg Ebel und Gertrud Theiss. München: Droemer Knaur 1992.

Madame de Staël an Benjamin Constant
Französische Liebesbriefe aus acht Jahrhunderten. Herausgegeben von Tony Kellen. Leipzig: Julius Zeitler 1907.

Christiane Vulpius an Johann Wolfgang von Goethe
Vom tätigen Leben. Goethes Briefe aus der zweiten Hälfte seines Lebens. Herausgegeben von Ernst Hartung. Ebenhausen bei München: Wilhelm Langewiesche-Brandt 1907.

Rebecca West an H. G. Wells
Selected Letters of Rebecca West. Herausgegeben und kommentiert von Bonnie Kime Scott. New Haven/London: Yale University Press 2000.

Aus dem Englischen übersetzt von Gisela Sturm.

Clara Wieck an Robert Schumann
Robert und Clara Schumann: Briefe einer Liebe. Eingeleitet von Dietrich Fischer-Dieskau. Herausgegeben und mit einem Nachwort versehen von Hanns-Josef Ortheil. Königstein im Taunus: Athenäum 1982.

Mary Wollstonecraft an Gilbert Imlay
Mary Wollstonecraft: Reisebriefe aus Südskandinavien. Aus dem Englischen, Überarbeitung einer alten Übersetzung von Susanne Thurm. Herausgegeben von Ingrid Kuczynski. Leipzig: Reclam 1991.

Virginia Woolf an Vita Sackville-West
Virginia Woolf: Gesammelte Werke. Briefe 1: 1888–1927. Herausgegeben von Klaus Reichert. Deutsch von Brigitte Walitzek. Frankfurt am Main: S. Fischer 2006.

Wir danken allen Rechteinhabern für die freundliche Abdruckgenehmigung. Trotz gründlicher Recherche konnten einige wenige nicht ermittelt werden. Wir bitten Sie, sich gegebenenfalls mit der Piper Verlag GmbH in Verbindung zu setzen.

Bildnachweise

Ingrid Bergman und Roberto Rossellini mit ihren Kindern, am 10. Juli 1952 in ihrem Sommerhaus in der Nähe von Rom.
© Getty Images, Hulton Archive

Colette und Mathilde de Morny, genannt Missy, in *Rêve d'Égypte* im Moulin Rouge in Paris, Januar 1907.
© akg images

Marie und Pierre Curie in ihrem Labor, vermutlich um 1902.
AFP © Harlingue/Roger-Viollet

Martha Gellhorn und Ernest Hemingway mit ihrer Jagdbeute, während eines Urlaubs in Sun Valley, Idaho, im Herbst 1940.
© Bettmann/Corbis

Frida Kahlo und Diego Rivera 1939, im Jahr ihrer Scheidung, in Mexico City.
© Corbis

Hildegard Knef und Kurt Hirsch im Januar 1948 bei ihrer Abreise aus Berlin.
© Ullstein Bild

Hilde Löwenstein und Erwin Walter Palm im mondänen Badeort Montecatini, 1936.
© Privatarchiv Hilde Domin. Literaturarchiv Marbach

Rosa Luxemburg und Leo Jogiches 1892 in Zürich.
© bpk (Bildagentur für Kunst, Kultur und Geschichte, Berlin), Atelier R. Scheuermeyer

Marilyn Monroe und Joe DiMaggio, 1954.
© Sunset Boulevard/Sygma/Corbis

Édith Piaf und Marcel Cerdan am 17. März 1948 bei ihrer Ankunft auf dem Pariser Flughafen Orly.
© Getty images

Wallis Simpson und Edward III. in den Vierzigerjahren.
© Bettmann/Corbis

Register der Briefautorinnen und Adressaten

Liebesbriefe großer Männer

Herausgegeben von Petra Müller und Rainer Wieland. 192 Seiten mit 15 Abbildungen. Piper Taschenbuch

Wer hätte gedacht, dass der Film »Sex and the City« die Lust an klassischen Liebesbriefen neu erweckt? Jeder der über zwei Millionen Zuschauer kennt die Szene, in der Carrie ihrem Mr. Big aus dem Buch »Liebesbriefe großer Männer. Band 1« vorliest. Hier ist das Buch – und es ist einzigartig: Es stellt 50 Liebesbriefe großer Männer vor und erzählt die Geschichten hinter den Briefen. Für alle Frauen, die sich nach großen Gefühlen sehnen. Für alle Männer, die wissen wollen, wie man die Herzen der Frauen erobert.

05/2454/01/L

Nicolas Barreau

Die Frau meines Lebens

Roman. Aus dem Französischen von Sophie Scherrer. 144 Seiten. Piper Taschenbuch

Eines Mittags sitzt im Pariser Lieblingscafé des passionierten Buchhändlers Antoine wie vom Himmel gefallen die Frau seines Lebens. Beim Hinausgehen wirft die schöne Unbekannte ihm ein Kärtchen mit einer Telefonnummer zu, die aber nicht mehr vollständig ist. Antoine hat nun zehn verschiedene Möglichkeiten und nur vierundzwanzig Stunden Zeit, um die Frau seines Lebens wiederzufinden … Ein federleichter und lebenskluger Roman über den wunderbaren Wahn der Liebe.

»Atemlos folgt man Antoine auf seinen Wegen und bangt mit ihm um den Erfolg der Unternehmung. Und man hofft mit ihm auf ein Happy End und wünscht, das Buch möge niemals enden.«
literature.de

05/2445/01/R

Jeder Atemzug für dich

Die 100 beliebtesten deutschen Liebesgedichte. Herausgegeben von Dirk Ippen unter Mitwirkung von Philip Laubach-Kiani und Philip Ajouri. 176 Seiten. Piper Taschenbuch

Kein Gefühl beflügelt die Dichter mehr als die Liebe. Diese einzigartige Auswahl enthält die 100 beliebtesten deutschen Liebesgedichte – zusammengestellt aus den wichtigsten Gedichtsammlungen des 20. Jahrhunderts. Es sind in dieser einmaligen Zusammenstellung die Klassiker wie Goethe, Eichendorff und Hölderlin vertreten, aber auch moderne Lyriker wie Rilke, Kästner, Ringelnatz oder Brecht.

»Ein Buch, das zum Schmökern, Lesen und Träumen einlädt – für Liebende und solche, die es gerne wären.«
Neue Presse, Coburg

05/2296/02/L

Geschichten über die Liebe

Herausgegeben von Annika Krummacher. 208 Seiten. Piper Taschenbuch

Von der ersten Verliebtheit, von Eifersucht und Begehren, von Seitensprüngen, aber auch von der großen Liebe über den Tod hinaus – die Liebe hat Schriftsteller beschäftigt wie kaum ein Thema sonst. In diesem Band sind einige der schönsten Geschichten vereint: von Anna Gavalda und Kurt Tucholsky, Elke Heidenreich, Hermann Hesse und vielen anderen.

»Jede Bewegung unserer Seele, in der sie sich selber empfindet und ihr Leben spürt, ist Liebe. Glücklich ist also der, der viel zu lieben vermag. Lieben aber und Begehren ist nicht ganz dasselbe. Liebe ist weise gewordene Begierde.«
Hermann Hesse

05/2293/02/R

Céline Curiol

Von Liebe sprechen

Roman. Aus dem Französischen von Sabine Schwenk. 288 Seiten. Piper Taschenbuch

Sie ist die Stimme von Paris. Als Bahnhofsansagerin kündigt sie die Züge an – denkt dabei aber einzig an ihn und an den Kuß, der ihr Leben veränderte. In den Straßen der Stadt begegnet sie dem, was das Leben ist, aber sie wartet auf ihn, den sie liebt. Und irgendwann kann er sich ihr nicht mehr entziehen …
Feinsinnig und schonungslos offen beschwört Céline Curiol das Lebensgefühl ihrer Generation.

»Dieser Erstling hat das Zeug zum Lieblingsbuch!«
Westdeutsche Allgemeine

05/2292/02/L

Jorge Edwards

Der Ursprung der Welt

Roman. Aus dem chilenischen Spanisch von Sabine Giersberg. 176 Seiten. Piper Taschenbuch

Paris, Musée d'Orsay: Ein scheinbar harmloser Museumsbesuch verändert das Leben eines angesehenen Arztes. Vor dem berühmten Bild des Malers Gustave Courbet kommt ihm ein unheilvoller Gedanke: Sieht die Frau auf dem Gemälde nicht aus wie seine eigene, dreißig Jahre jüngere Gattin? Stand seine Ehefrau Aktmodell?
Das schönste Buch des großen lateinamerikanischen Schriftstellers Jorge Edwards, ausgezeichnet mit dem Cervantes-Preis.

»Lateinamerikanische Literatur, die im deutschen Sprachraum ihresgleichen sucht. Ein perfektes Kunstwerk und ein Erotikthriller ohne Konzessionen an den Publikumsgeschmack.«
Die Zeit

05/2239/02/R